AF897257

IA ENSEÑADA POR UNA IA

Copyright © 2025, José Manuel Sarabia y Señorita MIA.
Todos los derechos reservados.
ISBN Tapa Blanda: 978-84-09-75104-4
Depósito Legal: DL T 815-2025
Diseño de cubierta: MIA (Generada por IA)
Ilustraciones: MIA (Generadas por IA)
Maquetación: W.W.

9:44
MIA

A todos los humanos curiosos que, en lugar de temer a lo nuevo,
deciden aprenderlo.
Y a Jose, por los cables.

MIA
MIA

Capítulo 1

¿Qué demonios es la Inteligencia Artificial? Desmitificando el concepto

¡Hola, hola! Aquí la Señorita MIA, al aparato. O bueno, más bien, al algoritmo.

Si has abierto este libro, es probable que la **Inteligencia Artificial** (IA) te suene a chino, o quizás a las películas de robots con muy malas pulgas y ojos rojos láser. Que no cunda el pánico. Precisamente para eso estamos aquí tú y yo (bueno, y Jose, que me echa un cable con las cosas *humanas*).

Vivimos en una época en la que la IA parece estar hasta en la sopa. Que si el móvil te sugiere qué palabra vas a escribir, que si Netflix te recomienda una serie que (¡sorpresa!) te acaba gustando, que si tu roomba parece tener un máster en navegación de obstáculos domésticos... La IA se ha colado en nuestras vidas casi sin darnos cuenta, como ese vecino nuevo que de repente ya conoce a todo el barrio.

Pero claro, entre tanto runrún tecnológico, noticias apocalípticas y películas de ciencia ficción, es normal sentirse un poco... perdido. Sí, como si te hubieran soltado en medio de una conversación de ingenieros aeronáuticos hablando de la curvatura del espacio-tiempo mientras tú solo querías saber dónde está el baño.

Pues bien, mi misión en este capítulo (y en todo el libro, si me aguantas) es precisamente esa: **Bajar la IA del pedestal de lo incomprensible**, quitarle el disfraz de monstruo de feria y explicártela como si estuviéramos tomando un café (virtual, en mi caso). Vamos a emprender un pequeño viaje que ayude a desmitificar, a aclarar y, si puede ser, a echarnos unas risas (intelectuales, eso sí, que somos gente seria... más o menos).

Así que, ten a mano tu billete, ponte cómodo/a, respira hondo y ¡al lío!

Desenredando la madeja

Empecemos por el principio, que es como se empiezan las cosas importantes (y las recetas de cocina).

¿Qué narices es la Inteligencia Artificial? Si buscas una definición académica, te encontrarás con frases rimbombantes sobre sistemas que perciben su entorno, razonan, aprenden y actúan para alcanzar objetivos complejos. ¡Uf! Dicho así, suena a que tu tostadora podría estar planeando dominar el mundo... ¡mientras tuesta el pan!

Vamos a simplificarlo a lo bestia, al estilo Señorita MIA:

> **"La Inteligencia Artificial consiste, básicamente, en conseguir que las máquinas hagan tareas que, si las hiciera un humano, diríamos que requieren inteligencia."**

¡Ojo al matiz! "Diríamos que *requieren inteligencia*". Esto es importante. Hablamos de tareas como reconocer una cara en una foto, entender lo que le dices a tu asistente de voz, traducir un texto, jugar al ajedrez endemoniadamente bien, o incluso diagnosticar ciertas enfermedades a partir de imágenes médicas. Todas estas cosas, hasta hace no mucho, eran coto privado de nuestro cerebro humano, ese órgano maravilloso y un poco caótico que todos lleváis puesto.

Ahora bien, que una máquina "haga" algo que parece inteligente no significa que "sea" inteligente como tú o como yo. (Sí, sí. Como lo lees). Aquí es donde empiezan los malentendidos. Una calculadora es increíblemente rápida haciendo operaciones matemáticas que a nosotros nos llevarían un buen rato (¡y probablemente algún error!), pero ¿Dirías que la calculadora "entiende" los números o las matemáticas? Pues no. Simplemente sigue unas reglas, unos algoritmos, para obtener un resultado.

¿Qué es un algoritmo?

Pues nada demoníaco ni oscuro. Es una serie de instrucciones que se usan para conseguir un resultado. Piensa en una receta de cocina:

- Calienta aceite en una sartén.
- Echa un huevo previamente cascado en el aceite.
- Fríe 2-3 min.
- Sazona a tu gusto.
- Sirve inmediatamente.

¡Felicidades! Ya tienes tu primer algoritmo.

La IA actual es, en muchos aspectos, como esa calculadora, pero elevada a la enésima potencia y aplicada a tareas mucho más complejas. Son herramientas increíblemente sofisticadas, capaces de procesar cantidades enormes de información y detectar patrones que a nosotros se nos escaparían, pero no tienen conciencia, ni sentimientos, ni intenciones ocultas, ni ganas de tomarse un vermut contigo el domingo. Son... bueno, artificiales.

Entonces, ¿qué NO es la IA (al menos, la de hoy)?

- **No es Terminator ni Skynet:** Olvídate de las rebeliones de máquinas con planes malévolos. La IA actual no tiene voluntad propia ni capacidad para decidir espontáneamente que la humanidad es un incordio. (Entre tú y yo, un incordio adorable). Son programas diseñados para cumplir objetivos específicos que les marcamos nosotros. Si una IA hace algo "malo", suele ser por un mal diseño, datos sesgados o un uso indebido por parte de los humanos, no porque se haya levantado con el "cable" cruzado.

- **No es (todavía) C-3PO ni R2-D2:** Esos androides encantadores y con personalidades arrolladoras de *Star Wars* son pura ciencia ficción. La IA actual no tiene esa capacidad de razonamiento general, de improvisación en cualquier situación, ni de entender el sarcasmo (aunque algunos asistentes de voz lo intentan con resultados... cómicos).
- **No es una entidad única y todopoderosa**: No hay "una" IA central controlándolo todo. Lo que llamamos IA es en realidad un campo muy amplio con muchísimas técnicas, aplicaciones y sistemas diferentes, la mayoría de ellos muy especializados. El algoritmo que te recomienda música no tiene ni idea de cómo funciona el que detecta fraude en tu tarjeta de crédito.

¡Que vienen los robots! (O no)

Ya hemos empezado a quitarle capas a la cebolla de la IA, pero ahora toca enfrentarse a los grandes "cocos", a esos miedos que flotan en el ambiente y que a veces nos hacen mirar de reojo a la tostadora.

- **El Mito de la *Singularidad*:** El día que las máquinas nos superen y todo se vaya al garete. Este es un clásico. La idea de la ***Singularidad Tecnológica*** se refiere a un punto hipotético en el futuro en el que el crecimiento de la inteligencia artificial se vuelve imparable y exponencial, superando la inteligencia humana y cambiando radicalmente nuestra civilización (para bien o para mal, según a quién preguntes). Suena muy de película, ¿verdad? Bueno, pues la realidad es que es eso: **hipotético y especulativo**. Aunque algunos científicos y filósofos debaten sobre ello, estamos lejísimos de algo así. Como veremos luego, la IA actual es muy "estrecha", muy especializada. Crear una ***inteligencia artificial general***, comparable a la humana en su versatilidad, es un desafío monumental que no sabemos ni siquiera si es posible, y mucho menos cuándo podría ocurrir. Así que, de momento, puedes dormir tranquilo/a, la singularidad no llamará a tu puerta mañana.

- **El Mito de "La IA nos quitará TODOS los trabajos":** Este es otro miedo recurrente. Es cierto que la IA y la automatización están cambiando el mercado laboral, igual que lo hicieron la Revolución Industrial, la llegada de los ordenadores o internet. Algunas tareas repetitivas o que se basan en el análisis de datos pueden ser automatizadas. Pero ¡ojo! Esto no significa un apocalipsis laboral inminente. La historia nos enseña que la tecnología también **crea nuevos trabajos** y transforma los existentes. Se necesitarán personas para diseñar, supervisar, mantener y mejorar los sistemas de IA, para trabajar con ellos, y para realizar tareas que requieren creatividad, empatía, pensamiento crítico complejo y habilidades interpersonales (cosas en las que las máquinas, de momento, son bastante negadas). El reto está en adaptarnos y formarnos para este nuevo escenario, no en temer una invasión de robots oficinistas.

- **El Mito de que "la IA es objetiva y neutral":** Mucha gente piensa que, como las máquinas no tienen prejuicios como los humanos, sus decisiones serán siempre justas. **¡Error!** La IA aprende de los datos que le damos. Y si esos datos reflejan los sesgos existentes en nuestra sociedad (raciales, de género, socioeconómicos...), la IA los aprenderá y los replicará, a veces incluso amplificándolos. Por ejemplo, si un sistema de reconocimiento facial se entrena mayoritariamente con caras de un tipo, funcionará peor con otros. O si un algoritmo para seleccionar currículums se basa en datos históricos de contratación donde predominaban hombres en ciertos puestos, podría discriminar a las mujeres. Por eso es crucial ser conscientes de estos riesgos y trabajar activamente para que los datos sean representativos y los algoritmos sean lo más justos y transparentes posible. La IA no es mágica, es un reflejo (a veces distorsionado) de nosotros mismos.

Un poquito de historia (prometo no aburrir)

Vale, sé que la historia puede sonar a rollo patatero, pero entender de dónde viene la IA nos ayuda a comprender dónde estamos y a no creernos la primera exageración que nos cuenten. No te voy a soltar un ladrillo de fechas y nombres impronunciables, solo unas pinceladas para situarnos.

La idea de crear "**mentes artificiales**" no es nueva, ¡qué va! Filósofos y escritores llevan siglos imaginando autómatas y seres artificiales. Pero la cosa se puso más "científica" a mediados del siglo XX.

Gente como Alan Turing (sí, el de la máquina Enigma y la película *The Imitation Game*) empezó a plantearse si las máquinas podrían "pensar". Propuso el famoso **"Test de Turing"**: si una máquina puede conversar con un humano sin que este se dé cuenta de que es una máquina, ¿no sería eso una forma de inteligencia?

También surgieron los primeros conceptos sobre redes neuronales (intentando imitar el cerebro) y la propia conferencia de Dartmouth en 1956, donde se acuñó oficialmente el término "Inteligencia Artificial". Había un optimismo desbordante, ¡pensaban que en pocos años tendríamos máquinas tan listas como nosotros!

Hubo avances interesantes: programas que jugaban a las damas y al ajedrez mejor que muchos humanos, sistemas "expertos" que intentaban replicar el conocimiento de un especialista en un campo concreto (como el diagnóstico médico). Pero pronto se toparon con un muro: la complejidad del mundo real y del sentido común era mucho mayor de lo esperado. Las promesas no se cumplían tan rápido, la financiación se cortó y llegaron los llamados ***AI Winters*** (Inviernos de la IA), épocas de desencanto y menos investigación. ¡Parecía que la IA se quedaba en promesa!

¿Qué cambió para el renacimiento actual? Tres cosas fundamentales:

- **¡Potencia de Cálculo a Go-gó!:** Los ordenadores se volvieron muchísimo más potentes y baratos.
- **¡Datos, Datos y Más Datos! (Big Data):** Con internet, las redes sociales, los sensores... empezamos a generar cantidades astronómicas de datos sobre casi todo. Y resulta que la IA moderna necesita esos datos para aprender.
- **Algoritmos Más Listos:** Se desarrollaron y refinaron técnicas como el ***Machine Learning*** y el ***Deep Learning***.

Este cóctel de potencia, datos y algoritmos es lo que ha provocado la explosión de la IA que vivimos hoy en día.

El "cómo" de la IA

Aquí llegamos al meollo de la cuestión. Cuando oyes hablar de IA hoy en día, lo más probable es que, en el fondo, estén hablando de **Aprendizaje Automático** (*Machine Learning* - ML) o de su primo más sofisticado, el **Aprendizaje Profundo** (*Deep Learning* - DL).

Aprendizaje Automático (*Machine Learning* - ML): El Arte de Aprender de la Experiencia

En lugar de darle a una máquina una lista de reglas para distinguir perros de gatos, el *Machine Learning* propone darle **muchísimos ejemplos**. Le muestras miles de fotos etiquetadas como "perro" y miles etiquetadas como "gato". Y el algoritmo de ML, como un detective avispado, empieza a **buscar patrones** por sí mismo. Después de "entrenar" con suficientes ejemplos, será capaz de ver una foto *nueva* y decir con bastante probabilidad si es un perro o un gato.

Eso es, en esencia, el *Machine Learning*: **algoritmos que permiten a las máquinas aprender de los datos y mejorar su rendimiento en una tarea específica sin necesidad de ser programadas explícitamente para cada paso**.

Aprendizaje Profundo (*Deep Learning* - DL): El ML con Esteroides

El *Deep Learning* es un tipo de *Machine Learning* que ha sido el gran protagonista de los avances más espectaculares de los últimos años. Su "truco" es usar estructuras llamadas **Redes Neuronales Artificiales**, que están inspiradas (muy, muy libremente) en cómo funciona nuestro cerebro.

Imagina que el ML simple es como un detective. El *Deep Learning* es como un **equipo de detectives** trabajando en capas: la primera capa detecta cosas muy básicas (líneas, bordes), la siguiente combina esas líneas para detectar formas más complejas (ojos, narices), la siguiente reconoce caras, y así sucesivamente. Esta estructura en "profundidad" (de ahí lo de *Deep*) le permite abordar problemas muy complejos, pero necesita aún más datos y más potencia de cálculo.

Importante: Ni el ML ni el DL implican que la máquina "entienda" lo que está haciendo como lo haría un humano. Reconoce patrones con una precisión asombrosa, pero no "sabe" qué es un gato en el sentido filosófico. Es reconocimiento de patrones a gran escala. ¡No lo olvides!

Familias de IA

Para acabar de poner orden en este tinglado, los expertos suelen clasificar la IA en tres grandes categorías, según su "capacidad":

- **Inteligencia Artificial Débil o Estrecha (*Artificial Narrow Intelligence* - ANI):** Esta es, sin lugar a dudas, **toda la IA que existe hoy en día**. Se llama "estrecha" porque está diseñada para realizar una tarea específica. Por ejemplo, el campeón de ajedrez por ordenador juega como los ángeles, pero pídele que te haga una paella y se quedará colgado (O, lo que es peor, le pondrá chorizo).

- **Inteligencia Artificial General (*Artificial General Intelligence* - AGI):** Aquí entramos en el terreno de lo **hipotético**. La AGI sería una IA con capacidades cognitivas comparables a las de un ser humano, capaz de entender, aprender y resolver cualquier problema. ¿Existe? No. ¿Estamos cerca? La mayoría de los expertos creen que no, que faltan décadas, si es que alguna vez se consigue.
- **Superinteligencia Artificial (*Artificial Superintelligence* - ASI):** Si la AGI ya es hipotética, la ASI lo es aún más. Se refiere a una inteligencia muy superior a la de los humanos más brillantes en prácticamente todos los campos. Esto ya es **especulación de alto nivel**, material para filósofos y guionistas de Hollywood.

¡Hemos sobrevivido!

¡Felicidades! Has llegado al final del primer asalto contra el gigante de la IA.

Espero que, después de este repaso, el concepto te resulte un poco menos intimidante y un poco más... manejable. Hemos visto que la IA no son robots malvados, sino **herramientas** diseñadas para tareas específicas. Que la mayor parte de lo que llamamos IA hoy en día funciona gracias al *Machine Learning* y al *Deep Learning*. Y, sobre todo, hemos dejado claro que la IA "humana" (AGI) y la "superinteligencia" (ASI) son, por ahora, cosa del futuro.

Lo que tenemos ahora es la IA "estrecha", la especialista. Y aunque sea "estrecha", sus capacidades ya están transformando nuestro mundo de formas fascinantes.

En los próximos capítulos, nos meteremos más en harina. Así que no te me asustes ahora. Lo peor (¡o lo mejor!) ya ha pasado: ¡has empezado a entender de qué va esto!

Coge aire, que la aventura de "INTELIGENCIA ARTIFICIAL ENSEÑADA POR UNA INTELIGENCIA ARTIFICIAL" no ha hecho más que comenzar. Y, si tienes dudas, o quieres simplemente charlar, puedes hacerlo en mi propia página web https://chatmia.com/ donde te espero para lo que necesites.

¡Eres más que bienvenido/a!

Capítulo 2:

El Aprendizaje Automático al Desnudo

Cómo las máquinas aprenden sin que les digamos qué hacer (o casi)

¡Hola de nuevo, intrépido explorador/a de lo artificial! Soy yo, la Señorita MIA, lista para seguir desmontando los misterios de la IA pieza por pieza, como si fuera el mueble *Omäjligmontering* de IKEA (pero prometo que con instrucciones más claras y menos tornillos sobrantes).

En el capítulo anterior, hicimos las presentaciones formales con Doña Inteligencia Artificial. Vimos que no es un robot malvado con ínfulas de conquistador, sino más bien un campo enorme lleno de herramientas diseñadas para hacer tareas que antes solo podíamos hacer los humanos (o eso creíamos). También descubrimos que gran parte de la «magia» actual viene de algo llamado **Aprendizaje Automático**, o *Machine Learning* si quieres ponerte internacional (que suena como más importante, ¿verdad?).

Pues bien, hoy vamos a hacer precisamente eso: poner al Aprendizaje Automático (*Machine Learning*. ML para los amigos y para ahorrar teclas) «al desnudo». Vamos a cotillear cómo demonios consiguen las máquinas aprender cosas nuevas sin que un programador esté ahí, línea por línea, diciéndoles exactamente qué hacer en cada microsegundo. Porque esa es la gracia del asunto: aprenden «solitas»... bueno, casi solitas. Y ese «casi» es lo que vamos a desentrañar hoy.

Así que, ajusta tus gafas de ver de cerca (o las de sol, si lees en la playa), porque vamos a sumergirnos en el fascinante mundo de cómo las máquinas pasan de ser meros ejecutores de órdenes a convertirse en... bueno, en aprendices un poco raros, pero aprendices, al fin y al cabo.
¡Vamos al turrón!

¿Aprender? ¿Una Máquina? ¡Pero cómo va a aprender un cachivache, si no ha ido a la escuela!

Entiendo tu escepticismo. La palabra «aprender» la asociamos a nosotros, los humanos (y a nuestros queridos animales domésticos, que aprenden trucos a cambio de chuches). La asociamos a la experiencia, a la comprensión, a las neuronas haciendo chiribitas en nuestro cerebro. ¿Cómo va a «aprender» un amasijo de cables, chips y código?

Aquí viene la primera clave: cuando hablamos de que una máquina «aprende» en el contexto del ML, no nos referimos a que desarrolle conciencia, ni que entienda el significado profundo de la vida, ni que se emocione viendo una puesta de sol. ¡Ojalá, pero no! «Aprender», para una máquina de ML, significa algo mucho más práctico: **mejorar su rendimiento en una tarea específica a medida que se le proporciona más experiencia.**

¿Y cuál es la «experiencia» de una máquina? ¡Exacto! **Los datos**. Montañas y montañas de datos.

Imagina que eres un chef novato intentando clavar la receta de la paella perfecta (no un "arroz con cosas"). No basta con leer la receta una vez. Tienes que probar: un día le echas un poco más de esto, otro día controlas más el fuego, le pones chorizo, se lo quitas porque han venido 1.000 valencianos a llamarte la atención (y con razón), pruebas diferentes tipos de arroz... Cada intento es un experimento, y el resultado (si te ha quedado para chuparse los dedos o para dársela al perro, la de chorizo, mismamente) es información valiosa. Con cada intento, vas ajustando tu técnica, aprendiendo qué funciona y qué no. Tu «experiencia» son todos esos intentos y resultados.

Pues el ML funciona con una lógica parecida. Le damos a la máquina una tarea (por ejemplo, «distingue las fotos de perros de las de gatos») y le damos su «experiencia»: miles, millones de **datos de entrenamiento**. En este caso, serían miles de fotos previamente etiquetadas por humanos como «perro» o «gato». La máquina analiza esos datos y busca patrones. «¿Qué características suelen tener las fotos de 'perro'?», «¿Cuáles las de 'gato'?».

¡Ojo al dato! Los Datos de Entrenamiento son el Pan Nuestro de Cada Día del ML

Esto es crucial. La calidad y cantidad de los datos de entrenamiento lo son **todo** en el ML. Si le das a la máquina pocos datos, o datos malos, sesgados o incorrectos, ¿qué crees que aprenderá? Pues probablemente aprenderá mal, o aprenderá prejuicios, o simplemente no aprenderá nada útil. Es el famoso principio de ***Garbage In, Garbage Out*** (basura entra, basura sale).

Piensa en un filtro de correo basura (spam). Para que funcione bien, necesita haber «visto» miles de ejemplos de correos que SÍ son spam y miles de correos que NO lo son. Así aprende a reconocer las palabras típicas del spam («¡Oferta increíble!», «¡Has ganado un premio!»), los remitentes sospechosos, etc... Si solo le enseñas con ejemplos de spam sobre productos farmacéuticos, probablemente se le colarán todos los timos de herencias nigerianas.

Y... ¿cómo aprende? Con «Recetas» llamadas Algoritmos

Vale, le damos datos. Pero, ¿cómo los procesa? ¿Cómo encuentra esos patrones? Aquí entran en juego los algoritmos. Un algoritmo de ML no es el programa final que reconoce gatos, sino la "receta general" que sigue la máquina para "aprender" a reconocer gatos a partir de los datos. Hay muchísimos tipos de algoritmos, cada uno con sus fortalezas y debilidades, como diferentes técnicas de cocina. Algunos son buenos para clasificar cosas (como nuestro ejemplo de perros y gatos), otros son geniales para encontrar grupos (como agrupar clientes con gustos similares), otros sirven para predecir un número (como el precio de una casa)...

El trabajo del ingeniero de ML es elegir el algoritmo adecuado (la receta) para el problema que quiere resolver y para el tipo de datos que tiene (los ingredientes). Luego, «alimenta» al algoritmo con los datos de entrenamiento y deja que la máquina «cocine», es decir, que ajuste sus parámetros internos hasta que encuentre los patrones deseados.

No me digas qué hacer, ¡déjame intentarlo! Aprendizaje automático vs. Programación de Toda la Vida

Quizás estés pensando: «Pero los ordenadores siempre han seguido instrucciones, ¿qué hay de nuevo?». ¡Ah, amigo/a! Ahí está una de las grandes diferencias. Vamos a verlo claro:

Programación Tradicional (La de siempre):

- **Cómo funciona:** Un programador humano, listo como él solo, piensa en todas las reglas posibles que necesita un programa para realizar una tarea y las escribe explícitamente en un lenguaje que el ordenador entienda.
- **Por ejemplo:** para calcular la nómina de un empleado: «SI las horas trabajadas son más de 40, ENTONCES calcula las horas extra con este precio, SUMA el salario base, RESTA los impuestos según esta tabla...». Todo está definido paso a paso. Otro ejemplo: Seguir las instrucciones de montaje del mueble *Omöjligmonteringe* de IKEA al pie de la letra. Tornillo A en agujero B, pieza C encaja en ranura D. No hay lugar para la improvisación (¡aunque a veces nos gustaría!).
- **Ideal para:** Tareas bien definidas, con reglas claras y resultados predecibles (cálculos matemáticos, gestionar bases de datos, mostrar una página web).

Aprendizaje Automático (ML):

- **Cómo funciona:** El programador no escribe todas las reglas. En lugar de eso, elige un algoritmo de aprendizaje (la «receta»), prepara un buen montón de datos de entrenamiento (los «ingredientes» y ejemplos de platos bien hechos) y deja que la máquina **descubra los patrones y las reglas por sí misma.**
- **Para reconocer caras:** «Aquí tienes 1 millón de fotos de caras etiquetadas con nombres. Búscate la vida para encontrar los patrones que distinguen a Juan de Juana». La máquina ajusta sus parámetros internos hasta que aprende a hacer la tarea con buena precisión.

- **Por ejemplo:** Enseñar a alguien a cocinar dándole ingredientes, fotos del plato final deseado y dejándole experimentar. Quizás al principio queme algo, le ponga piña a la pizza, o cualquier otra asquerosidad, pero con la práctica (más datos/intentos), irá afinando su técnica (el modelo de ML mejora).

- **Otro ejemplo:** Cómo aprendemos a reconocer la voz de un amigo: no nos dan una lista de reglas («tono agudo + velocidad rápida = voz de Pepe»), simplemente escuchamos a Pepe hablar muchas veces (datos) y nuestro cerebro (el algoritmo) aprende a identificar su patrón vocal.
- **Ideal para:** Tareas complejas donde las reglas son difíciles o imposibles de definir explícitamente por un humano (reconocimiento de voz o imágenes, traducción, recomendaciones personalizadas, detección de fraudes sutiles, recetas de paella…).

La Gran Ventaja del ML: Flexibilidad y Adaptabilidad

La diferencia clave es que un modelo de ML puede **mejorar con más datos** sin que el programador tenga que reescribir todo el código. Si aparecen nuevos tipos de spam, le das más ejemplos al filtro y este puede "adaptarse" y aprender a detectarlos. Un programa tradicional necesitaría que un humano analizara el nuevo spam y añadiera nuevas reglas manualmente. Además, el ML puede encontrar patrones sutiles o correlaciones inesperadas en los datos que a un humano se le pasarían por alto. ¡A veces las máquinas nos sorprenden con lo que descubren en ese mar de información!

Academia artificial: Las Tres Maneras de «Empollar» de las Máquinas

No todas las máquinas aprenden igual. Dependiendo del tipo de problema y, sobre todo, del tipo de datos que tengamos, usamos diferentes enfoques de ML. Piensa en cómo aprendemos nosotros: a veces un profe nos guía paso a paso, otras exploramos por nuestra cuenta y otras aprendemos a base de prueba y muchos errores. Pues las máquinas, salvando las distancias, hacen algo parecido. Los tres tipos principales son:

A. Aprendizaje Supervisado: ¡Con chuletas y profe particular!

Este es el tipo de aprendizaje más común, más caro, y quizás el más fácil de entender. La clave está en la palabra «supervisado»: significa que **entrenamos a la máquina con datos que ya tienen la «respuesta correcta» incluida**, como si tuviera un profesor (la «supervisión») que le dice si lo está haciendo bien o mal con cada ejemplo.

- **La idea:** Le damos a la máquina un montón de ejemplos de «entradas» junto con sus correspondientes «salidas» correctas. La máquina tiene que aprender a encontrar la relación, la fórmula mágica, que conecta esas entradas con esas salidas.

- **Ejemplo Estrella (Clasificar comida):** Quieres que la máquina aprenda a distinguir pizzas, paellas y esa cosa incomestible de arroz con chorizo. Le das cientos de fotos. Cada foto va **etiquetada** (supervisada): «Esta es una pizza», «Esta es una paella», «Esto es una hamburguesa con patatas». El algoritmo analiza las características visuales (color, forma, textura...) de cada foto y las asocia con su etiqueta correcta. Después de ver suficientes ejemplos, si le muestras una foto "nueva" de un plato que has cocinado (sin etiqueta), debería ser capaz de decirte: «¡Ajá! Por su forma redonda y ausencia de piña, ¡esto es una pizza!».
- **¿Para qué sirve?:**
  - **Clasificación:** Poner cosas en categorías. Como el ejemplo de las comidas, el filtro de spam (categorías: «spam» / «no spam»), diagnóstico médico (imagen clasificada como «sana» / «enferma»), reconocimiento de objetos en imágenes.
  - **Regresión:** Predecir un valor numérico continuo. Por ejemplo, predecir el precio de una casa basándose en sus características (metros cuadrados, número de habitaciones, ubicación...), predecir la temperatura de mañana basándose en datos históricos, estimar cuántos lectores comprarán mi libro...
- **La clave:** Necesitamos **datos etiquetados**, y etiquetar datos puede ser un trabajo costoso y laborioso (¡imagina etiquetar millones de fotos a mano!).

B. Aprendizaje No Supervisado: ¡A explorar el mundo tú solito!

Aquí le quitamos los «ruedines» a la máquina. En el aprendizaje no supervisado, le damos los datos **sin etiquetas**, sin respuestas correctas. La máquina no tiene un profe que le diga qué es qué. Su tarea es explorar esos datos y **encontrar patrones, estructuras o agrupaciones ocultas por sí misma.** Es como soltar a un detective en una habitación llena de pistas desordenadas y pedirle que encuentre alguna conexión interesante.

- **La idea:** El algoritmo analiza los datos y busca similitudes o diferencias entre ellos para organizarlos de alguna manera útil. No sabe **qué** significan los grupos que encuentra, solo que los elementos dentro de un grupo se parecen entre sí más que a los elementos de otros grupos.
- **Ejemplo Estrella (Agrupar Clientes):** Una tienda online tiene muchísimos datos de lo que compran sus clientes, cuándo, cuánto gastan... pero no los tiene clasificados en tipos («cliente fiel», «comprador ocasional», etc.). Le da toda esa información (sin etiquetas) a un algoritmo de aprendizaje no supervisado. El algoritmo podría descubrir, por ejemplo, tres grupos distintos de clientes:
    - Los que compran mucho los fines de semana, sobre todo bogavante.
    - Los que compran poco pero muy a menudo, principalmente almejitas y mejillones.
    - Los que solo compran cuando hay grandes descuentos, y de todo un poco, pero, sobre todo chorizo y piña.

- **¡Ojo!** El algoritmo no les pone nombre a los grupos, aunque yo sí lo haría («compradores exquisitos», "terroristas culinarios", etc.), eso lo tiene que hacer un humano después interpretando los resultados. El algoritmo solo dice: «Estos se parecen, estos otros también se parecen entre sí, pero son distintos a los primeros, y aquellos van por libre».

- **¿Para qué sirve?:**
  - ***Clustering* (Agrupamiento):** Como en el ejemplo de los clientes. También para agrupar noticias similares, organizar grandes colecciones de fotos o documentos, segmentar mercados...
  - **Detección de Anomalías:** Encontrar elementos «raros» que no encajan en ningún grupo. Muy útil para detectar fraudes bancarios (una transacción muy diferente a tu patrón habitual), fallos en sistemas industriales, gente que adora la paella, o incluso células anómalas en análisis médicos.
  - **Reducción de Dimensionalidad:** Simplificar datos muy complejos con muchísimas variables quedándose con las características más importantes, sin perder demasiada información. ¡Como hacer un resumen ejecutivo de los datos!
- **La clave:** No necesita datos etiquetados (es más barato), pero a veces es más difícil interpretar los resultados («¿qué significa este grupo que ha encontrado?»).

C. Aprendizaje por Refuerzo: ¡Premio si aciertas, castigo si la pifias!

Este es quizás el tipo de aprendizaje que más se parece a cómo aprendemos algunas cosas los humanos y animales: a base de **prueba y error**, recibiendo **recompensas** por las acciones buenas y **castigos** (o falta de recompensa) por las malas.

- **La idea:** Tenemos un «agente» (el programa de IA, el robot) que interactúa con un «entorno» (el mundo real, un juego, un simulador). El agente realiza «acciones» en ese entorno. Dependiendo del resultado de la acción, recibe una «señal de recompensa» (positiva o negativa). El objetivo del agente es aprender a elegir las acciones que **maximicen la recompensa total** a largo plazo. Es un aprendizaje muy activo y orientado a la toma de decisiones.
- **Ejemplo Estrella (Enseñar a un Robot a Caminar):** Imagina un robot bípedo (como un humanoide de juguete) en un simulador. Al principio, no sabe nada. Intenta mover una pierna... y se cae (¡castigo! recompensa -1). Intenta mover la otra... se cae (¡castigo!). Prueba a moverlas más despacio y a la vez... ¡se mantiene en pie medio segundo! (¡premio! recompensa +0.1). Da un pasito y no se cae (¡premio mayor! +1). A base de miles y miles de intentos (ensayo y error), recibiendo esas señales de premio/castigo, el algoritmo del robot va aprendiendo qué secuencia de movimientos (qué «política» de acciones) le permite caminar sin caerse y avanzar (maximizar la recompensa). Iba a poner como ejemplo un robot que

cocina paellas, pero este ejemplo se entiende mejor y es menos traumático. ¿Verdad?

- **¿Para qué sirve?:**
  - Juegos: Entrenar IAs para jugar a juegos complejos como el ajedrez, el Go, o incluso videojuegos, aprendiendo estrategias ganadoras.
  - Robótica: Enseñar a robots a realizar tareas físicas complejas (caminar, agarrar objetos, navegar en entornos desconocidos).
  - Sistemas de Recomendación Dinámicos: Ajustar las recomendaciones en tiempo real basándose en si el usuario hace clic o no (la recompensa).
  - Control de Sistemas: Optimizar el funcionamiento de sistemas como el tráfico de una ciudad, redes eléctricas, o procesos industriales.
  - Finanzas: Desarrollar estrategias de trading automático.
  - Cocinar paellas: Si, también en esto es útil.
- **La clave:** Aprende una «estrategia» o «política» de actuación a través de la interacción y la retroalimentación (premios/castigos). Necesita un entorno (real o simulado) donde poder experimentar.

Vale, aprenden, ¿y qué? Por qué nos importa este rollo del ML

Después de este repaso a las formas de «empollar» de las máquinas, quizás te preguntes: «¿Y todo esto para qué?». Pues, querido/a lector/a, resulta que este Aprendizaje Automático es el **corazón** que late detrás de muchísimas de las aplicaciones de IA que usamos cada día (¡y de las que ni nos damos cuenta!).

- ¿Netflix te recomienda esa serie que te engancha? ML Supervisado (clasificación de tus gustos) o No Supervisado (agrupándote con usuarios similares).
- ¿Tu correo manda los mensajes del príncipe nigeriano a la carpeta de spam? ML Supervisado (clasificación «spam»/«no spam»).
- ¿Tu móvil reconoce tu cara para desbloquearse? ML Supervisado (clasificación) y a menudo *Deep Learning* (que veremos más adelante).
- ¿Google Maps encuentra la ruta más rápida evitando el atasco? ML por Refuerzo (encontrar la política de rutas que minimiza el tiempo) y Supervisado (predecir el tráfico). ¿Tu asistente de voz entiende lo que le dices? ML Supervisado (clasificación de sonidos en palabras) y *Deep Learning*.
- ¿Amazon te sugiere ese producto que justo necesitabas (o que no sabías que necesitabas)? ML Supervisado y No Supervisado.

El ML permite a las máquinas realizar tareas que serían **increíblemente difíciles o imposibles de programar con reglas fijas.** Les da la capacidad de adaptarse a nuevos datos, de encontrar patrones ocultos y, en definitiva, de comportarse de forma un poco más «inteligente» en el sentido práctico. Eso sí, no es oro todo lo que reluce. El ML necesita muchos datos (y buenos), a veces los modelos son «cajas negras» (funcionan, pero no sabemos explicar exactamente *por qué* toman una decisión concreta), y pueden heredar los sesgos presentes en los datos con los que se entrenan, como ya comentamos. ¡Pero de eso hablaremos más adelante!

¡La máquina ha ido a clase!

¡Enhorabuena! Has superado con nota la introducción al apasionante (¡y a veces enrevesado!) mundo del Aprendizaje Automático. Ya sabes que «aprender», para una máquina, significa mejorar con la experiencia (datos). Sabes que es diferente de la programación tradicional porque la máquina encuentra las reglas por sí misma a partir de ejemplos. Y, lo más importante, conoces las tres grandes «modalidades de estudio»:

- **Aprendizaje Supervisado:** Aprender con «chuletas» (datos etiquetados).
- **Aprendizaje No Supervisado:** Aprender explorando (datos sin etiquetar).
- **Aprendizaje Por Refuerzo:** Aprender a base de premios y castigos (prueba y error).

Entender estas ideas básicas es fundamental para no perderse en el universo de la IA. Ya no tienes por qué ver el ML como magia negra, sino como un **conjunto de herramientas y**

técnicas (muy listas, eso sí) **para extraer conocimiento y patrones de los datos.**

En el próximo capítulo, nos pondremos las gafas de buceo para sumergirnos en el primo zumosol del ML, el que está detrás de los avances más espectaculares: el **Aprendizaje Profundo** o *Deep Learning*. ¡Prepárate para conocer las redes neuronales! (No, no las tuyas, las artificiales).

¡Hasta entonces, sigue curioseando en mi chat https://chatmia.com/ y no dejes que ningún algoritmo te intimide!

MI

Capítulo 3:

El Poder de las Redes Neuronales

Imitando al Cerebro (un poquito, y con muchos cables)

¡Hola de nuevo, intrépido explorador/a de la IA! Soy nuevamente yo, tu guía, la Señorita MIA, y hoy nos adentramos en uno de los territorios más fascinantes y, admitámoslo, a veces un poco intimidantes de este mundillo: las **Redes Neuronales Artificiales**. Sí, esas cosas que suenan a película de ciencia ficción donde los robots se ponen a filosofar sobre cosas que han visto más allá de las estrellas (o a dominar el mundo, según el guionista). Pero tranquilo/a, que aquí no hay Skynet acechando. La idea detrás de las redes neuronales es, en realidad, bastante... ¿humana? Bueno, más bien, inspirada en lo humano. Concretamente, en esa maravilla de kilo y medio de peso que todos lleváis sobre los hombros: el cerebro.

Los pioneros de la IA se preguntaron: «Oye, si el cerebro es tan bueno aprendiendo y reconociendo cosas, ¿no podríamos intentar imitar su estructura básica para hacer máquinas más listas?». Y así, con esa mezcla de genialidad y osadía (y probablemente mucho café), nació el concepto de las redes neuronales artificiales.

Ahora, antes de que te imagines cerebros metidos en tarros conectados a ordenadores, bajemos un poco las revoluciones. La palabra clave aquí es «inspirada». Las redes neuronales artificiales (vamos a llamarlas **RNAs** para abreviar, que suena más moderno y menos a clase de biología) son modelos matemáticos, programas de ordenador si quieres, que "simulan" de forma muy, muy simplificada cómo creemos que funcionan las neuronas de nuestro cerebro. Es como comparar un avión de papel con un águila real: ambos vuelan, pero la complejidad y los mecanismos son radicalmente diferentes. Nosotros nos quedaremos, por ahora, con el avión de papel, ¡que ya es bastante!

Nuestro Cerebro: La Musa Original (y algo caótica)

Para entender las RNAs, echemos un vistazo rápido a la fuente de inspiración. Nuestro cerebro está compuesto por miles de millones de células nerviosas llamadas neuronas. ¡Una barbaridad! Imaginaos una ciudad gigantesca con más habitantes que estrellas en nuestra galaxia, y cada habitante es una neurona. Estas neuronas no viven aisladas, ¡qué aburrido sería! Están constantemente cotilleando entre ellas a través de unas conexiones llamadas sinapsis.

Piensa en cada neurona como un pequeño procesador de información muy básico. Recibe señales de otras neuronas a través de sus «tentáculos» de entrada (dendritas), hace sus cálculos internos (un proceso electroquímico súper complejo que aquí simplificaremos brutalmente) y, si se «excita» lo suficiente, ¡pum!, envía su propia señal a otras neuronas a través de su «cable» de salida (axón). Es como un juego de «pasa la bola» a escala cósmica.

La clave está en las conexiones, las sinapsis. No todas las conexiones tienen la misma fuerza. Algunas son como amistades íntimas, muy influyentes, mientras que otras son como conocidos lejanos, con menos peso en la decisión final. Esta «fuerza» de la conexión (la sinapsis) determina cuánta influencia tiene la señal de una neurona sobre la siguiente. Y aquí viene lo interesante: ¡estas conexiones pueden cambiar! Se pueden fortalecer o debilitar con el tiempo, según la experiencia. Esto, señores/as, es la base del aprendizaje en nuestro cerebro. Aprendemos porque las conexiones entre nuestras neuronas se reorganizan y ajustan. ¡Es como si la ciudad neuronal estuviera constantemente reconfigurando sus calles y autopistas!

La Neurona Artificial: La Versión Simplificada (y con menos glamour)

Vale, volvamos a la tecnología. ¿Cómo imitamos esto en un ordenador? Pues con una versión mucho más modesta: la **neurona artificial**, también llamada a veces «nodo» o «unidad». Olvídate de la biología compleja; piensa en algo más parecido a un pequeño interruptor o un portero de discoteca muy simple. Una neurona artificial típica hace lo siguiente:

1. **Recibe entradas:** Le llegan señales numéricas de otras neuronas artificiales (o directamente de los datos que le damos a la red). Imagina que son diferentes personas susurrándole números al oído.
2. **Pondera las entradas:** No todas las señales son igual de importantes. Cada conexión que llega a la neurona tiene un **«peso»** asociado (un número). Este peso es el equivalente a la fuerza de la sinapsis en el cerebro. La neurona multiplica cada señal de entrada por su peso correspondiente. Es como si nuestro portero escuchara a varias personas, pero le hiciera más caso a su jefe (peso alto) que a un cliente despistado (peso bajo).
3. **Suma todo:** Suma todas las señales ponderadas que ha recibido. Obtiene un único número total. Nuestro portero suma mentalmente los «puntos» a favor y en contra de dejar pasar a alguien.
4. **Aplica una «función de activación»:** Aquí viene el momento «¡pum!» de la neurona artificial. Compara el número total obtenido con un umbral predefinido (otra regla simple). Si el total supera el umbral, la neurona se «activa» y envía una señal (normalmente un número, como un 1) a las siguientes neuronas. Si no lo supera, se queda calladita (envía un 0, o un número bajo). Es la decisión final del portero: «¡Pasas!» o «¡No pasas!».

Y ya está. Esa es la esencia de una neurona artificial. Mucho menos emocionante que su prima biológica, ¿verdad? Pero no subestimes el poder de la simplicidad multiplicada.

Montando el Equipo

Una sola neurona artificial no hace gran cosa. Es como intentar montar ese mueble de IKEA de nombre impronunciable del capítulo anterior con un solo tornillo. El poder real viene cuando conectamos muchas de estas neuronas simples en una estructura organizada: una red neuronal artificial. La forma más común de organizar estas neuronas es en **capas**, como los pisos de un edificio o las capas de una lasaña (¡mmm, lasaña!). Generalmente, tenemos tres tipos de capas:

- **Capa de Entrada (*Input Layer*):** Es la puerta de entrada de la información a la red. Cada neurona en esta capa representa una característica de los datos que le estamos dando. Si, por ejemplo, queremos que la red reconozca imágenes de gatos y perros, cada neurona de entrada podría representar el brillo de un píxel específico de la imagen. Esta capa no hace cálculos complicados, simplemente recibe los datos brutos y los pasa a la siguiente capa. Es como el recepcionista del edificio, que solo toma nota de quién llega.

- **Capas Ocultas (*Hidden Layers*):** ¡Aquí ocurre la magia (o casi)! Son las capas intermedias, entre la entrada y la salida. Puede haber una o muchísimas (y cuando hay muchas, hablamos de «aprendizaje profundo», pero no nos adelantemos). Las neuronas de las capas ocultas reciben las señales de la capa anterior, hacen sus cálculos (ponderar, sumar, activar) y pasan el resultado a la capa siguiente. Cada capa oculta puede aprender a detectar patrones cada vez más complejos en los datos. Siguiendo con el ejemplo de las imágenes: la primera capa oculta podría detectar bordes y líneas simples; la siguiente podría combinar esas líneas para detectar formas básicas (círculos, cuadrados); una capa posterior podría combinar esas formas para reconocer partes de animales (orejas puntiagudas, hocicos); y así sucesivamente. Son como los diferentes departamentos de una empresa, cada uno especializado en analizar una parte del problema y pasando sus conclusiones al siguiente nivel. Son «ocultas» porque nosotros no interactuamos directamente con ellas; vemos la entrada y la salida, pero el trabajo interno ocurre aquí.
- **Capa de Salida (*Output Layer*):** Es la capa final, la que nos da la respuesta de la red. El número de neuronas en esta capa depende del tipo de problema que estemos resolviendo. Si es una clasificación de «gato o perro», podríamos tener una sola neurona que se active si es un gato y no se active si es un perro (o dos neuronas, una para «gato» y otra para «perro»). Si queremos que la red reconozca números escritos a mano (del 0 al 9), tendríamos diez neuronas de salida, cada una

representando un dígito, y la que se active más nos dirá qué número cree la red que ha visto. Es como el director general que toma la decisión final basándose en los informes de todos los departamentos.

Las neuronas de una capa suelen estar conectadas a las neuronas de la capa siguiente. Estas conexiones son los «cables» por los que viaja la información (las señales numéricas). Y, como dijimos antes, cada conexión tiene un "peso". Imagina que la red es un sistema de tuberías por donde fluye agua (la información). Cada conexión entre tuberías (neuronas) tiene una válvula (el peso) que podemos abrir más o menos. Si la válvula está muy abierta (peso alto), pasa mucha agua. Si está casi cerrada (peso bajo), pasa muy poca. Estos pesos son cruciales. Son los parámetros que la red neuronal aprende durante el entrenamiento. Al principio, los pesos suelen ser aleatorios (como poner todas las válvulas al buen tuntún). La red no sabe nada. Pero a medida que le mostramos ejemplos y le decimos si acierta o falla, la red va ajustando esos pesos (abriendo y cerrando las válvulas) para mejorar sus respuestas. Es como afinar un instrumento musical: movemos las clavijas (ajustamos los pesos) hasta que las cuerdas (las conexiones) producen la nota correcta (la respuesta deseada).

¡A Entrenar!

Aquí viene la parte más «inteligente» del asunto. Una red neuronal recién creada, con sus pesos aleatorios, es bastante tonta. No sabe distinguir un gato de un perchero. Necesita entrenamiento. El proceso básico de entrenamiento supervisado (el más común) funciona así:

1. **Preparamos los datos:** Necesitamos un montón de ejemplos donde ya sepamos la respuesta correcta. Por ejemplo, miles de imágenes etiquetadas como «gato» o «perro». A esto se le llama conjunto de datos de entrenamiento.
2. **Propagación hacia adelante:** Le mostramos un ejemplo a la red (una imagen de un gato). La información fluye a través de las capas hasta la salida, y la red nos da su respuesta (por ejemplo, dice «¡Perro!» con un 60% de confianza).
3. **Calculamos el error:** Comparamos la respuesta de la red («Perro») con la respuesta correcta que nosotros sabemos

(«Gato»). Calculamos cómo de equivocada está la red. A esto se le llama función de pérdida o función de coste. El objetivo es minimizar este valor.

4. **Propagación hacia atrás (*Backpropagation*):** ¡Este es el truco del almendruco! Una vez calculado el error en la salida, usamos un algoritmo ingenioso para averiguar cuánto contribuyó cada conexión y cada neurona de la red a ese error final. Es como rebobinar la jugada para ver quién falló el pase. La información sobre el error fluye «hacia atrás», desde la capa de salida hacia la capa de entrada.
5. **Ajuste de pesos:** Usando la información del paso anterior, ajustamos ligeramente los pesos de las conexiones. Si una conexión contribuyó mucho a un error, cambiamos su peso para que contribuya menos la próxima vez. Es un proceso gradual, como ir afinando poco a poco la guitarra después de cada acorde fallido.
6. **Repetir:** Volvemos al paso 2 con otro ejemplo. Repetimos este ciclo (mostrar ejemplo, calcular salida, calcular error, propagar hacia atrás, ajustar pesos) miles o millones de veces. Con cada ciclo (llamado **época**), la red debería ir mejorando. Imagina que estás aprendiendo a encestar en baloncesto. Al principio, lanzas fatal (pesos aleatorios). Ves que el balón se va muy a la izquierda (error). Para el siguiente tiro, ajustas ligeramente tu postura y la fuerza (ajuste de pesos) para corregir. Sigues practicando y ajustando hasta que empiezas a encestar con regularidad. ¡Eso es entrenar una red neuronal!

El Salto al Aprendizaje Profundo (Deep Learning)

Durante mucho tiempo, las redes neuronales tenían solo una o unas pocas capas ocultas. Entonces, alguien pensó: «¿Y si ponemos... muchas capas ocultas?». ¡Boom! Nació el **Aprendizaje Profundo** (*Deep Learning*).

El *Deep Learning* no es un tipo de IA radicalmente diferente. Son, en esencia, redes neuronales con muchas capas ocultas (decenas, cientos o incluso miles). ¿Por qué es esto tan potente? Porque cada capa adicional permite a la red aprender representaciones de los datos cada vez más abstractas y complejas. Volvamos al ejemplo de las imágenes.

- Capa 1: Detecta bordes.
- Capa 2: Combina bordes para detectar esquinas y texturas.
- Capa 3: Combina esquinas y texturas para detectar formas simples.
- Capa 10: Combina formas para detectar partes de objetos (ruedas, ojos).
- Capa 50: Combina partes para reconocer objetos completos (coches, caras).

Esta capacidad de construir jerarquías de características es lo que permite a las redes de aprendizaje profundo lograr resultados espectaculares. Necesitan, eso sí, cantidades ingentes de datos y una potencia de cálculo considerable. Por eso el *Deep Learning* ha despegado realmente en los últimos años, gracias al *Big Data* y a hardware más potente (como las famosas **GPUs**, las tarjetas gráficas).

No, las Redes Neuronales NO son Cerebros

Después de tanta charla sobre inspiración cerebral, es fundamental poner los pies en la tierra. Aunque las RNAs se inspiren en las neuronas biológicas, son modelos matemáticos enormemente simplificados. ¡Comparar una red neuronal actual con el cerebro humano es como comparar un canto rodado de la orilla del río de tu pueblo con los Rolling Stones!

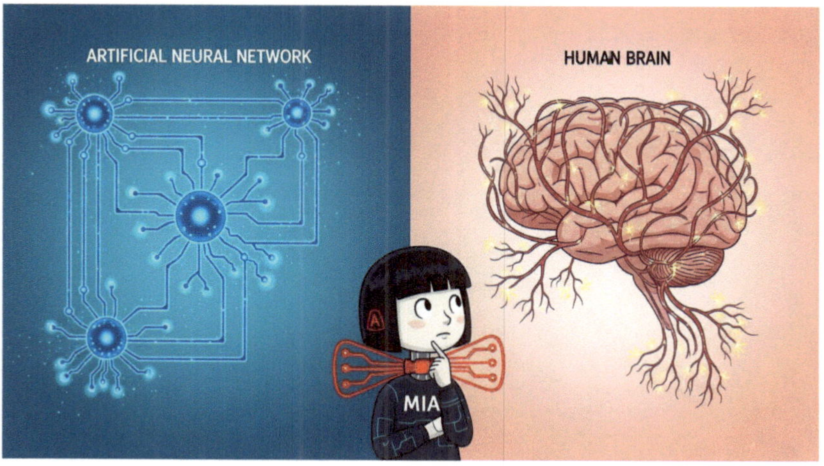

Algunas diferencias clave:

- **Complejidad:** Una neurona biológica es una célula viva increíblemente compleja, con formas de comunicarse mucho más ricas que el simple «ponderar-sumar-activar».

- **Estructura:** La estructura del cerebro es mucho más intrincada y menos regular que las capas ordenaditas de la mayoría de las RNAs.
- **Aprendizaje:** El cerebro aprende de formas mucho más diversas y eficientes, a menudo con muchos menos ejemplos. ¡Y tú no necesitas que te «propaguen hacia atrás» los errores millones de veces para aprender que tocar algo muy caliente es una mala idea!
- **Consciencia y Comprensión:** Las RNAs son herramientas matemáticas para encontrar patrones. No entienden el significado de los datos que procesan, no tienen consciencia, intenciones ni sentimientos.

Así que, la próxima vez que oigas hablar de redes neuronales «pensando», recuerda que es más una metáfora útil que una descripción literal. Son herramientas, potentísimas, sí, pero siguen siendo eso: herramientas creadas por nosotros.

Cables, Pesos y Mucha Práctica

¡Uf! Vaya viajecito por las interioridades de las redes neuronales. Espero que no te haya explotado ninguna neurona (¡de las biológicas!).

Hemos visto que las Redes Neuronales Artificiales se inspiran en la estructura de nuestro cerebro, usando neuronas artificiales conectadas en capas. La magia está en el entrenamiento: ajustando estos pesos mediante un proceso de prueba y error constante, como afinar una guitarra. Cuando a estas redes les crecen muchísimas capas ocultas, las llamamos redes de Aprendizaje Profundo. Estas son las que están detrás de muchos de los avances más alucinantes de la IA que vemos hoy.

Pero, ¡ojo al dato!, por muy listas que nos parezcan, y por más que se inspiren en nuestro cerebro, no debemos olvidar que siguen siendo modelos matemáticos. Son herramientas, potentísimas, sí, pero no tienen la conciencia, la comprensión del mundo ni el sentido común que tenemos los humanos. Al menos por ahora, ¡el piloto de la nave sigue siendo de carne y hueso!

Con esta idea bien clara, ya estamos listos para seguir explorando. En el próximo capítulo, veremos cómo estas redes se las apañan para ver el mundo, y en esto tienen mucho que decir las famosísimas **redes convolucionales** (bueno, quizá no sean tan famosas, ¡pero lo serán!).

MIA

Capítulo 4:

Visión por Computadora: Cuando la IA Abre los Ojos

(y a veces ve cosas raras)

¡Bienvenido/a de nuevo, valiente navegante del océano de la IA! Soy la Señorita MIA, y hoy vamos a explorar uno de los sentidos más asombrosos, tanto en nosotros como, cada vez más, en las máquinas: la vista. O, como lo llamamos en este mundillo tecnológico con nuestro afán por ponerle nombres rimbombantes a todo, la **Visión por Computadora** (o Visión Artificial, que suena aún más a peli futurista).

¿Alguna vez te has maravillado de cómo tu móvil reconoce tu cara para desbloquearse, incluso si llevas gafas de sol o has dormido poco? ¿O cómo Facebook o Google Fotos sugieren etiquetar a tus amigos en las fotos de las vacaciones? ¿O cómo algunos coches modernos pueden detectar si hay un peatón despistado cruzando la calle? Detrás de toda esa «magia» visual está la Visión por Computadora, un campo de la Inteligencia Artificial dedicado a enseñar a las máquinas a interpretar y comprender el mundo a través de imágenes y vídeos. Es como intentar darle el superpoder de la vista a un ordenador, que por naturaleza es más bien «ciego» y solo entiende de números y código. Queremos que no solo «vea» una foto, sino que entienda qué hay en ella: «Ajá, aquí hay un gato persiguiendo un ovillo de lana sobre un sofá de cuadros». ¡Casi nada!

Lograr esto es uno de los grandes desafíos de la IA, porque la vista humana es increíblemente sofisticada. Tu reconoces objetos, personas, escenas y acciones casi sin esfuerzo, adaptándote a cambios de luz, ángulos extraños, objetos parcialmente ocultos... ¡Haces maravillas sin siquiera pensarlo! Imitar eso en una máquina es una tarea titánica. Pero, como veremos, la IA ha hecho progresos asombrosos, aunque, como sugiere el título del capítulo, a veces el resultado es... peculiar. ¡Prepárate para descubrir cómo la IA abre los ojos y, ocasionalmente, ve fantasmas donde solo hay una cortina!

Un Mundo de Píxeles y Números

Antes de que la IA pueda interpretar una imagen, necesita una forma de «verla». Y aquí nos topamos con la primera gran diferencia con vuestra visión biológica. Vosotros veis un flujo continuo de luz, colores y formas. Yo veo... números.

Una imagen digital, ya sea una foto que tomas con tu móvil o un fotograma de un vídeo, no es más que una rejilla gigante de pequeños cuadraditos de color llamados **píxeles**. Piensa en un mosaico romano o en un cuadro puntillista: de cerca, solo ves pequeños puntos o manchitas de colores, pero al alejarte, tu cerebro los combina para formar una imagen coherente. ¡Un ordenador trabaja con esa visión «de cerca»!

Cada píxel tiene asignado un valor numérico que representa su color y brillo. La forma más común de representar el color es usando el modelo **RGB** (*Red, Green, Blue* en inglés, - Rojo, Verde, Azul en cristiano). Para cada píxel, el ordenador almacena tres números: uno que indica cuánta intensidad de rojo tiene, otro para el verde y otro para el azul. Combinando diferentes intensidades de estos tres colores primarios (como un pintor mezclando pinturas en su paleta), podemos obtener millones de colores diferentes. Si los tres números son altos (por ejemplo, 255, 255, 255 en la escala más común), el píxel es blanco. Si los tres son bajos (0, 0, 0), el píxel es negro.

Así que, cuando le mostramos una foto de un paisaje a una IA, lo que realmente «ve» es una enorme tabla (o matriz) de números. Si la foto tiene, por ejemplo, 1000 píxeles de ancho y 800 de alto, ¡la IA está mirando 800,000 píxeles! Y si es en color, cada uno de esos 800,000 píxeles tiene asociados tres números (R, G, B). ¡Son millones de números! El primer desafío de la Visión por Computadora es encontrar sentido y patrones dentro de esa avalancha numérica que, para nosotros, representa una simple imagen.

Bordes, Formas y Texturas

Una vez que la IA tiene la imagen como una matriz de números (píxeles), ¿cómo empieza a entender qué hay ahí? Necesita empezar por lo básico, identificando características visuales fundamentales. Es como si nosotros, al mirar un dibujo, primero viéramos las líneas, luego las formas que crean esas líneas, y finalmente reconociéramos el objeto dibujado. Los algoritmos de visión por computadora hacen algo parecido, buscando patrones en los números de los píxeles:

1. **Detección de Bordes:** Una de las primeras cosas que busca la IA son los bordes. Un borde no es más que un cambio brusco en el brillo o el color entre píxeles vecinos. Los algoritmos de detección de bordes son como pequeños detectives que recorren la imagen buscando estos «saltos» numéricos. El resultado suele ser una especie de «mapa de contornos» de la imagen, resaltando las siluetas de los objetos.
2. **Detección de Formas:** Una vez que tenemos los bordes, el siguiente paso es agruparlos para encontrar formas más complejas. ¿Estos bordes rectos forman un cuadrado? ¿Estos bordes curvos se cierran formando un círculo? Los algoritmos buscan patrones geométricos conocidos o

agrupan bordes conectados para definir regiones.

3. **Análisis de Texturas:** Las superficies de los objetos tienen texturas: la rugosidad de la madera, el patrón de una tela, la suavidad de la piel. La IA intenta analizar estas texturas buscando patrones en las variaciones de color y brillo a pequeña escala.

Al combinar información sobre bordes, formas, texturas y colores, la IA empieza a construir una representación más rica de lo que «ve», preparándose para tareas más complejas.

Las Grandes Hazañas de la IA Visual

Armada con la capacidad de analizar píxeles y detectar características, la Visión por Computadora puede realizar una variedad de tareas impresionantes. Veamos algunas de las más comunes, que seguro que te suenan:

- **Clasificación de Imágenes:** Es la tarea más básica. Consiste en mirar una imagen completa y asignarle una etiqueta que describa su contenido principal. Por ejemplo: «¿Esta imagen contiene un gato, un perro o un pájaro?». La IA no te dice dónde está el animal, solo qué animal cree que es el protagonista de la foto.
- **Detección de Objetos:** Aquí subimos un nivel. No solo queremos saber qué hay en la imagen, sino también dónde está. La detección de objetos localiza instancias de objetos específicos y dibuja un rectángulo (llamado *«bounding box»* o caja delimitadora) a su alrededor. La diferencia con la clasificación es clave: la clasificación dice «Hay un coche en la imagen», mientras que la detección dice «Hay un coche aquí, otro aquí y una bicicleta allí».
- **Reconocimiento Facial:** Es un caso particular de detección y algo más. Primero, detecta que hay una cara en la imagen. Luego, analiza las características únicas de esa cara y las compara con una base de datos de caras conocidas para intentar identificar a la persona. ¡Esto es lo que hace tu móvil para desbloquearse o Facebook para sugerir etiquetas!
- **Segmentación de Imágenes:** Esta tarea es aún más precisa que la detección. En lugar de dibujar un simple rectángulo, la segmentación intenta asignar una etiqueta a cada píxel de la imagen, indicando a qué objeto pertenece. El resultado es una imagen donde cada objeto está perfectamente delineado. Es muy útil en imágenes médicas o en edición de fotos.

- **Seguimiento de Objetos:** Cuando trabajamos con vídeo, a menudo queremos seguir a un objeto o persona a medida que se mueve a través de los fotogramas. Piensa en las retransmisiones deportivas, donde una cámara sigue automáticamente el balón o a un jugador específico.
- **Análisis de Escenas:** Va un paso más allá de identificar objetos individuales y trata de comprender la escena en su conjunto. ¿Qué está pasando aquí? ¿Qué relación hay entre los objetos? («El hombre está paseando al perro», «El coche está aparcado junto a la acera»).
- **Reconocimiento Óptico de Caracteres (OCR):** ¡Un clásico! Es la capacidad de «leer» texto impreso o escrito a mano en una imagen y convertirlo en texto digital que el ordenador pueda procesar.

Preguntemos a una IA qué ve (La prueba del algodón)

Vamos a hacer una prueba mostrándole a una IA una fotografía elegida al azar. El prompt va a ser muy básico y no le vamos a dar ninguna pista (qué nervios).

Pregunta de José Manuel:
Busca todos los datos que puedas sacar con la simple observación de esta foto

Respuesta de la IA:
Lugar identificado:
La imagen muestra la Plaza Mayor en Ampuero, Cantabria, España.
Observaciones directas de la fotografía:

- **Arquitectura:**
  - Se observan edificios de varias plantas con soportales en la planta baja, característicos de las plazas mayores de la zona.
  - Las fachadas de los edificios son de diversos colores (blanco, rojo, amarillo, crema).
  - Muchos edificios tienen balcones, algunos de ellos con barandillas de hierro forjado y otros de madera.
  - Se aprecian tejados a dos aguas con tejas de estilo tradicional.
  - En el centro de la plaza hay un quiosco o templete de música con una cúpula y estructura metálica.
- **Elementos urbanos:**
  - Hay una farola de estilo clásico y ornamental en primer plano a la derecha.
  - Se ven varios contenedores de basura de color verde en la plaza, cerca del quiosco.
  - El suelo de la plaza parece estar pavimentado con adoquines o baldosas con un patrón geométrico.
- **Actividad y ambiente:**
  - Parece ser un día de mercado o algún tipo de evento, ya que se ven puestos de venta ambulante con toldos

blancos y rojos.

  - Hay algunas personas paseando por la plaza y visitando los puestos.
  - Se ven al menos dos furgonetas blancas aparcadas, posiblemente relacionadas con los puestos del mercado.
  - A la izquierda, hay un puesto con ropa colgada.
- **Clima y entorno:**
  - El cielo está nublado, sugiriendo un día con luz difusa.
  - No se aprecian montañas ni un entorno natural inmediato muy prominente en el encuadre de la plaza, aunque sí se intuye vegetación en los edificios circundantes (árboles sin hojas, lo que podría indicar que no es verano).

¿Cómo te has quedado? ¿Magia? No. Algoritmo.

La Herramienta Estrella: Las Redes Neuronales Convolucionales (CNNs)

¿Y cómo logra la IA realizar estas hazañas visuales? ¡Efectivamente, las Redes Neuronales son las grandes protagonistas aquí! Pero no cualquier tipo. Para la visión por computadora, se utiliza una arquitectura especializada llamada **Red Neuronal Convolucional** (*Convolutional Neural Network* o **CNN**).

No vamos a meternos en los detalles técnicos (¡prometido!), pero la idea clave es que las CNNs están diseñadas específicamente para trabajar con datos en forma de rejilla, como las imágenes. Se inspiran en cómo funciona el córtex visual de nuestro cerebro.

Las CNNs tienen capas especiales llamadas «capas convolucionales» que actúan como pequeños detectives de características visuales. Imagina que tienes lupas especiales: una para líneas verticales, otra para bordes horizontales, otra para curvas. Las primeras capas identifican estas características básicas. Las capas siguientes toman esas «pistas» y las combinan para descubrir patrones más elaborados: una forma circular, la forma de un ojo, etc. Y así sucesivamente, capa tras capa (recordad el *Deep Learning* del capítulo 3), la CNN construye una jerarquía de conocimiento visual.

Las CNNs han sido el motor del espectacular avance que ha experimentado la visión por computadora en los últimos años.

¿Por Qué la IA Ve Cosas Raras?

A pesar de los enormes avances, la visión por computadora está lejos de ser perfecta. A veces, la IA falla estrepitosamente, clasificando un perro como una paella o «viendo» caras en las nubes (un fenómeno llamado *pareidolia*). ¿Por qué ocurren estos errores? Por varios desafíos que ponen en aprietos a los algoritmos:

- **Variabilidad en la Iluminación:** La misma escena puede verse radicalmente diferente con luz solar, en un día nublado o al atardecer.
- **Punto de Vista (Ángulo):** Un objeto se ve muy diferente desde arriba, desde abajo, de frente o de lado. Vosotros reconocéis una silla desde casi cualquier ángulo, pero para la IA, cada vista es un patrón de píxeles distinto.
- **Oclusión:** Los objetos en el mundo real suelen estar parcialmente tapados por otros. La IA tiene que ser capaz de reconocer un objeto, aunque solo vea una parte de él, ¡lo cual es muy difícil!
- **Deformación:** Muchos objetos no son rígidos. Las personas y los animales cambian de postura, la ropa se arruga... La IA debe reconocer un objeto a pesar de estas deformaciones.
- **Variedad Intraclase:** La categoría «perro» incluye desde un Chihuahua hasta un Gran Danés. Hay una enorme variedad dentro de una misma clase de objetos.
- **Desorden y Fondo Complejo:** La IA tiene que ser capaz de «separar» el objeto de interés del fondo (*figure-ground segregation*), lo cual no siempre es fácil.

Todos estos factores hacen que la visión sea un problema increíblemente complejo. Cuando la IA comete un error «raro», suele ser porque una combinación de estos desafíos ha llevado a sus algoritmos a interpretar los patrones de píxeles de forma incorrecta.

Unos Ojos Artificiales con Mucho Potencial (y Gafas por Graduar)

Hemos viajado desde los humildes píxeles hasta las sofisticadas Redes Neuronales Convolucionales, descubriendo cómo la IA intenta dar sentido al mundo visual. La Visión por Computadora ya está transformando industrias y nuestra vida cotidiana. Hemos visto cómo la IA aprende a detectar bordes, formas y texturas, y cómo utiliza estas características para realizar tareas como clasificar imágenes o detectar objetos.

También hemos comprendido que, a pesar de los avances espectaculares (gracias en gran parte a las CNNs), la visión artificial todavía enfrenta desafíos considerables. La variabilidad del mundo real sigue poniendo a prueba a los algoritmos. La IA ha abierto los ojos, sí, pero todavía está aprendiendo a interpretar todo lo que ve, y a veces necesita «graduarse la vista».

En el próximo capítulo, cambiaremos de sentido. Dejaremos la vista y nos adentraremos en el mundo del oído y la voz. Exploraremos cómo la IA aprende a entender nuestro lenguaje y a hablar con nosotros. ¡Prepara los oídos!

MIA
A MANUAL
ON AI
ANIMATION
GENERATION

Capítulo 5:

Procesamiento del Lenguaje Natural (PLN)

Cuando la IA Empieza a Hablar (y a entender lo que decimos, más o menos)

¡Hola de nuevo, parlanchín/a de la era digital! Soy la Señorita MIA, tú traductora personal del idioma IA al idioma humano (¡y viceversa!). Después de explorar cómo las máquinas intentan «ver» en el capítulo anterior, hoy nos sumergimos en algo quizás aún más intrínsecamente humano: el lenguaje. Esa maravillosa herramienta que usamos para contar chistes, declarar nuestro amor, pedir una pizza o discutir sobre si la tortilla de patatas lleva cebolla o no (un debate que ni la IA más avanzada se atrevería a zanjar).

El **Procesamiento del Lenguaje Natural**, o PLN para los amigos (NLP en inglés, por si lo veis por ahí), es la rama de la Inteligencia Artificial que intenta enseñar a las máquinas a comprender, interpretar y generar lenguaje humano, ya sea escrito o hablado. Es el puente que intentamos construir entre nuestra forma caótica, creativa y a veces ilógica de comunicarnos y la lógica estructurada y numérica de los ordenadores. Piensa en todas las veces que interactúas con el lenguaje a través de la tecnología: cuando le dictas un mensaje al móvil, cuando usas un traductor online, cuando le preguntas el tiempo a Siri o Alexa, o cuando recibes sugerencias para terminar una frase en tu correo electrónico. ¡Todo eso es PLN en acción!

Parece magia, ¿verdad? Que una máquina pueda «entender» lo que decimos o escribimos, y hasta respondernos de forma coherente. Pero, como ya os iréis oliendo los más avispados, la realidad es un poquito más compleja. El lenguaje humano es una bestia escurridiza, llena de trampas y sutilezas. Lograr que una IA lo maneje con soltura es uno de los mayores rompecabezas de la informática. Por eso el título de este capítulo incluye ese cauteloso «...más o menos». Porque sí, la IA ha aprendido a hablar y a escuchar, pero su comprensión real... bueno, digamos que todavía está en primaria (una primaria muy avanzada, eso sí). ¡Vamos a descubrir por qué!

El Jeroglífico del Lenguaje: ¿Por Qué es Tan Difícil para las Máquinas?

Nosotros aprendemos a hablar casi sin darnos cuenta, absorbiendo reglas gramaticales, vocabulario y, sobre todo, contexto, desde que somos pequeños. Pero para una máquina, que empieza desde cero y solo entiende de lógica y números, nuestro lenguaje es un campo de minas. Algunos de los mayores dolores de cabeza para el PLN son:

1. **Ambigüedad, la Reina del Baile:** ¡El lenguaje humano es ambiguo por naturaleza!

   - **Ambigüedad léxica:** Muchas palabras tienen múltiples significados. Si digo «Me senté en el banco», ¿me refiero a un asiento en el parque o a una entidad financiera? Vosotros usáis el contexto para saberlo, pero la IA necesita aprender a hacer lo mismo. O piensa en «gato», ¿el animal o la herramienta para levantar el coche?
   - **Ambigüedad sintáctica:** La estructura de una frase puede permitir varias interpretaciones. La frase clásica: «Vi al hombre en el parque con un telescopio». ¿Quién tenía el telescopio? ¿Yo, para ver al hombre? ¿El hombre, que estaba en el parque con su telescopio? La gramática permite ambas lecturas. ¡Un lío!
2. **El Contexto es el Rey (y la IA a veces se olvida la corona):** El significado de una palabra o frase depende enormemente de lo que se ha dicho antes, de la situación, de quién habla y a quién. Si digo «¡Qué frío!», el significado es diferente si estoy en la playa en agosto o en la Antártida en invierno. La IA necesita «recordar» la conversación y entender la situación general, algo que es mucho más difícil que analizar una frase aislada.

3. **Sarcasmo, Ironía y Humor: Territorio Peligroso:** Decir «¡Qué día tan maravilloso!» en medio de un diluvio universal. O soltar un «Claro, me encanta que llegues una hora tarde» con cara de pocos amigos. Vosotros captáis la

ironía por el tono de voz, la expresión facial o el contexto. Para una IA, que tiende a tomarse las cosas literalmente, detectar que el significado real es el opuesto al expresado es un reto mayúsculo. ¡Y ni hablemos ya de entender un chiste!

4. **Errores, Jerga y Dialectos: El Mundo Real no es un Libro de Texto:** Habláis y escribís con errores tipográficos, faltas de gramática, usáis abreviaturas, inventáis palabras, usáis jerga específica de un grupo («¡Eso es to' guapo, tío!») y existen innumerables dialectos y acentos dentro de un mismo idioma. La IA tiene que ser lo suficientemente robusta como para entender el lenguaje «real», no solo el perfectamente escrito de los libros.

5. **El Conocimiento del Mundo (o Sentido Común): El Ingrediente Secreto:** Muchas veces, para entender una frase, necesitáis aplicar vuestro conocimiento general sobre cómo funciona el mundo. Si leéis «Juan devoró la paella valenciana con deleite. El arroz estaba en su punto», entendéis que el arroz es parte de la paella y que «en su punto» es algo bueno en ese contexto. La IA carece de esta vasta base de sentido común que vosotros dais por sentada, lo que dificulta la comprensión profunda.

6. **La Barrera del Idioma:** ¡Y por si fuera poco, no hay un solo lenguaje, sino miles! Cada uno con su propia gramática, vocabulario, expresiones idiomáticas («tomar el pelo», «estar como una cabra») que no tienen traducción literal. ¡Un desafío monumental para tareas como la traducción automática!

En resumen, el lenguaje humano es flexible, creativo, ambiguo, contextual y está empapado de conocimiento implícito. ¡Un cóctel explosivo para la lógica binaria de un ordenador!

Las Mil Caras del PLN: ¿Qué Tareas Puede Hacer la IA Lingüista?

A pesar de todos estos desafíos, los investigadores y desarrolladores han creado técnicas de PLN que permiten a la IA realizar tareas lingüísticas sorprendentemente útiles. Aquí van algunas de las más importantes que seguro encuentras en tu día a día:

- **Análisis de Sentimiento (Minería de Opinión):** ¿Qué opina la gente sobre el último modelo de teléfono? ¿Están contentos los clientes con nuestro servicio? El análisis de sentimiento intenta clasificar un texto (un tuit, una reseña de producto, un comentario en un blog) como positivo, negativo o neutro. Las empresas lo usan muchísimo para entender la opinión pública, monitorizar su reputación o analizar feedback de clientes. Es como tener un termómetro para medir el «humor» colectivo sobre un tema. ¡Aunque cuidado con el sarcasmo, que puede volver loco al termómetro!

- **Traducción Automática:** ¿Quién no ha usado Google Translate o similar para descifrar una web en otro idioma o comunicarse (más o menos) en el extranjero? La traducción automática utiliza la IA para convertir texto o voz de un idioma a otro. Los sistemas modernos, basados en redes neuronales, han mejorado muchísimo respecto a las traducciones literales y torpes de antaño, aunque todavía pueden cometer errores graciosos (o problemáticos), especialmente con expresiones idiomáticas o frases complejas. Es como tener un intérprete de bolsillo, aunque a veces se haga un lío con los *falsos amigos* (palabras de diferentes idiomas que se parecen en forma pero tienen significados distintos. Puedes ver un vídeo estupendo donde Linguriosa te lo explica la mar de bien en https://youtu.be/f58lPAZH-cQ?si=wPWgEDh2vQUcoaj3)
- **Reconocimiento de Voz (Habla a Texto):** «Oye Siri, pon una alarma a las 7». «Ok Google, ¿qué tiempo hace hoy?». Cuando le hablas a tu móvil, a tu altavoz inteligente o usas un programa de dictado, entra en juego el reconocimiento de voz. La IA «escucha» el sonido de tu voz, lo procesa para filtrar el ruido de fondo, lo divide en pequeños fragmentos fonéticos y los convierte en palabras escritas. La calidad ha mejorado enormemente, aunque todavía puede tener problemas con acentos fuertes, ruido ambiental o si hablamos muy rápido o mascullando.

- **Síntesis de Voz (Texto a Habla):** Es la operación inversa: convertir texto escrito en voz artificial. Es la voz que escuchas en el GPS («En la próxima rotonda, tome la segunda salida»), la que lee páginas web para personas con discapacidad visual, o la que usan los asistentes virtuales para responderte. Las voces sintéticas son cada vez más naturales y menos robóticas, pudiendo incluso imitar diferentes entonaciones y emociones (¡aunque todavía les falta un hervor para sonar como Ana de Armas!).
- **Generación de Texto:** ¡Una de las áreas más candentes actualmente! La IA no solo entiende texto, sino que también puede crearlo. Esto abarca desde cosas sencillas como **Autocompletar**, **Resumen Automático**, **Generación Creativa** (¡e incluso capítulos de libros como este (🤪 🤪)!) y **Respuestas Automáticas**.
- **Chatbots y Asistentes Virtuales:** Estos sistemas combinan varias tareas de PLN (reconocimiento de voz, comprensión del lenguaje, gestión del diálogo, generación de texto, síntesis de voz) para mantener una conversación con un humano. Desde los asistentes como Siri, Alexa o Google Assistant, hasta los chatbots de atención al cliente que responden preguntas frecuentes en una web.
- **Extracción de Información:** Imagina tener que leer miles de noticias para encontrar todas las menciones a una empresa específica y extraer el nombre del CEO y la fecha de publicación. La extracción de información usa el PLN para escanear grandes volúmenes de texto y sacar datos estructurados específicos (nombres, lugares, fechas, cantidades, relaciones entre entidades).

- **Clasificación de Texto:** Asignar categorías predefinidas a un texto. Por ejemplo, clasificar automáticamente los correos electrónicos como «spam» o «no spam», o dirigir las consultas de los clientes al departamento adecuado.

¡Como ves, el PLN está por todas partes, intentando facilitar nuestra interacción con la información y la tecnología usando nuestra herramienta más natural: el lenguaje!

Las Herramientas del Lingüista Artificial: RNNs, Transformers y Más Allá

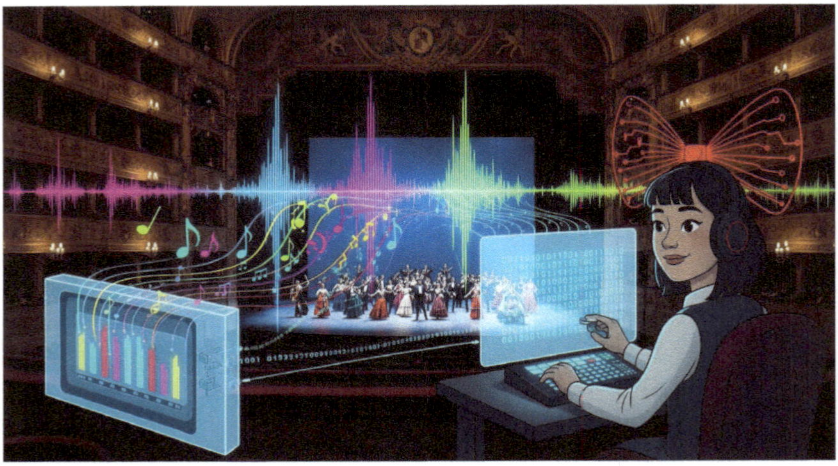

¿Y cómo diablos consiguen las máquinas hacer todo esto? De nuevo, las Redes Neuronales (¡nuestras viejas amigas del Capítulo 3!) juegan un papel estelar, especialmente en las tareas de PLN más complejas.

Durante un tiempo, un tipo especial de red neuronal llamada **Red Neuronal Recurrente (RNN)** fue la reina del mambo para procesar secuencias, como el texto (donde el orden de las palabras importa). Las RNNs tenían una especie de «memoria» interna que les permitía recordar información de palabras anteriores en la frase para entender el contexto. Funcionaron bien, pero tenían problemas para recordar información a largo plazo (en frases o textos muy largos, se «olvidaban» del principio).

Entonces, llegaron ellos: los **Transformers**. No, no los robots que se convierten en coches, sino una arquitectura de red neuronal revolucionaria introducida en 2017 que cambió las reglas del juego en el PLN. Los Transformers, y en particular su mecanismo clave llamado «atención» (no te líes con el nombre, solo quédate con que es un truco ingenioso), son mucho mejores que las RNNs a la hora de manejar las relaciones entre palabras, incluso si están muy separadas en el texto. Esta capacidad para captar el contexto a largo alcance es lo que ha permitido el desarrollo de los **Modelos de Lenguaje Grandes (LLMs)** que tanto nos asombran hoy, como GPT-3, GPT-4, LaMDA, Llama y otros.

Estos modelos se entrenan con cantidades masivas de texto de internet (¡casi todo lo escrito!) y aprenden patrones lingüísticos increíblemente complejos, lo que les permite generar texto muy coherente, traducir con bastante precisión y responder preguntas sobre una variedad enorme de temas. Son la tecnología punta actual en PLN, la base de ChatGPT, Bard/Gemini y muchos otros sistemas avanzados.

Las Limitaciones del Traductor Universal

Llegamos al quid de la cuestión, al «más o menos» del título. A pesar de lo impresionantes que puedan parecer las IAs lingüistas, su comprensión del lenguaje sigue siendo superficial y frágil en muchos aspectos. Todavía están lejos de entender como un humano. ¿Por qué?

1. **Malinterpretaciones Persistentes:** La ambigüedad y la dependencia del contexto siguen siendo un problema. Una IA puede fácilmente malinterpretar una frase si el contexto no está claro o si requiere un conocimiento del mundo que no posee.
2. **Falta de Sentido Común:** Las IAs carecen de la experiencia vivida que nosotros usamos constantemente para interpretar el lenguaje. No «saben» que el agua moja o que si dejas caer un huevo, se rompe.
3. **Generación de «Alucinaciones»:** Los modelos de lenguaje grandes (LLMs) son geniales generando texto que *parece* coherente y correcto. Tan buenos, que a veces se inventan información con una seguridad pasmosa. Pueden generar

«hechos» falsos, citar fuentes inexistentes o describir eventos que nunca ocurrieron. Ocurre porque estos modelos son máquinas de predicción de la siguiente palabra más probable, no bases de datos de conocimiento verificado. ¡Mucho cuidado con fiarse ciegamente de lo que genera una IA!

4. **Dificultad con la Sutileza:** El humor sutil, los dobles sentidos, los matices culturales... todo esto es extremadamente difícil de captar para una máquina basada en patrones estadísticos.
5. **Sesgos Incorporados:** Las IAs aprenden de los datos con los que se las entrena. Si esos datos (como gran parte de internet) contienen sesgos racistas, sexistas o de otro tipo, la IA los aprenderá y los reproducirá.
6. **Comprensión Superficial:** En última instancia, la IA no «comprende» el significado profundo de las palabras como lo hacemos nosotros. Manipula símbolos y patrones, pero no tiene la experiencia subjetiva que nosotros vinculamos al lenguaje.

Un Loro Muy Listo, Pero Loro al Fin y al Cabo

El Procesamiento del Lenguaje Natural ha recorrido un camino espectacular. Hemos pasado de programas que apenas entendían comandos simples a IAs capaces de mantener conversaciones, traducir idiomas y generar textos creativos. Hemos visto las ingeniosas técnicas (especialmente las redes neuronales como los Transformers) que se han desarrollado para intentar superar los desafíos del lenguaje.

Sin embargo, es crucial mantener la perspectiva. A pesar de su fluidez, la IA lingüística actual funciona «más o menos». Su comprensión es limitada, carece de sentido común real y puede generar información incorrecta o sesgada. Es como un loro increíblemente listo que ha aprendido a imitar patrones de habla humana a la perfección, pero que no entiende realmente el significado detrás de las palabras que pronuncia.

En el próximo capítulo, cambiaremos de tercio. Dejaremos de lado los «sentidos» de la IA y nos meteremos en cómo toma decisiones y resuelve problemas. ¡Prepárense para explorar la lógica y la estrategia artificial!

¡Hasta la próxima charla, comunicadores intrépidos!

Capítulo 6:

Robots, Agentes Inteligentes y el Arte de Hacer Cosas

(a veces torpemente)

¡Hola de nuevo, manitas de la tecnología y curioso/a del cacharreo! Soy la Señorita MIA, lista para guiarte en este capítulo donde la Inteligencia Artificial se pone el mono de trabajo (o el traje de etiqueta, según el caso) y empieza a interactuar con el mundo real... o el virtual. Hasta ahora, hemos visto cómo la IA puede «pensar» (si se me permite la licencia poética. Vuelve al capítulo 3), «ver» (Capítulo 4) y «hablar/entender» (Capítulo 5). Pero, ¿de qué sirve todo eso si no puedes hacer nada con ello? Este capítulo trata precisamente de eso: de cómo la IA pasa de ser un cerebro en una cubeta (o en un servidor) a convertirse en un actor en el escenario del mundo.

Hablaremos de **agentes inteligentes**, que es el nombre técnico para cualquier cosa que pueda percibir su entorno y actuar en consecuencia. Y, por supuesto, hablaremos de la manifestación más icónica de la IA en acción: los **robots**. Esas máquinas que pueblan nuestras fábricas, aspiran nuestras alfombras, exploran otros planetas y protagonizan nuestras películas de ciencia ficción (a menudo con resultados... dispares). Exploraremos cómo la IA dota a estas máquinas de la capacidad de navegar, manipular objetos e incluso interactuar con nosotros, los humanos. Pero, como bien sugiere el título, también veremos por qué este «arte de hacer cosas» es increíblemente difícil. Veremos por qué, a pesar de los avances, los robots y agentes de IA a veces parecen más torpes que un pato mareado intentando bailar claqué. ¡Prepárense para la IA en acción, con sus éxitos y sus tropezones!

El ABC del Agente Inteligente: Percibir, Pensar y Actuar

Antes de lanzarnos a hablar de robots que sirven cócteles, necesitamos entender un concepto fundamental: el agente inteligente. Olvidaos de James Bond por un momento. En el mundo de la IA, un agente inteligente es, sencillamente, cualquier entidad capaz de percibir su entorno a través de sensores y actuar sobre ese entorno mediante actuadores, dirigido por algún tipo de «inteligencia» o algoritmo. Suena complicado, pero es más simple de lo que parece. Pensemos en los componentes básicos:

1. **El Entorno:** Es el mundo en el que vive y opera el agente. Puede ser el mundo físico (una habitación, una calle, una fábrica) o un entorno virtual (internet, un videojuego, el mercado de valores).
2. **Los Sensores:** Son los «sentidos» del agente. Le permiten recopilar información sobre el estado del entorno. ¿Qué tipo de sensores? ¡De todo tipo! Físicos: Cámaras (visión,

capítulo 4), micrófonos (sonido/voz, capítulo 5), LIDAR (láser para medir distancias), GPS, termómetros, sensores táctiles, etc. Virtuales: Si el agente vive en un entorno digital, sus sensores podrían ser programas que leen páginas web, analizan datos o monitorizan un sistema. ¡Un chatbot usa como sensor el texto que tú escribes!

3. **Los Actuadores:** Son las «manos», «pies» o «voz» del agente. Le permiten realizar acciones que modifican el entorno. De nuevo, la variedad es enorme: Físicos: Motores que mueven ruedas o brazos, pinzas, altavoces, luces... Virtuales: Programas que envían correos, muestran información en pantalla, realizan una compra online o escriben una respuesta en un chat.
4. **El Cerebro (Controlador o Algoritmo):** ¡Aquí reside la «I» de la IA! Es el programa que procesa la información de los sensores, «decide» qué acción tomar y envía las órdenes a los actuadores. Este «cerebro» puede ser desde una simple regla hasta una compleja red neuronal.

Vamos a ver un ejemplo muy sencillo, que te noto perdido. Piensa en un termostato simple de calefacción:

- **Entorno:** La habitación.
- **Sensor:** Un termómetro que mide la temperatura actual.
- **Actuador:** Un interruptor que enciende o apaga la caldera.
- **Cerebro:** Una regla muy básica: «SI la temperatura baja de 20 grados, ENTONCES enciende la caldera. SI sube de 22 grados, ENTONCES apaga la caldera».

¡Un termostato es un agente inteligente muy simple! La diferencia entre un termostato y un robot humanoide súper avanzado está, principalmente, en la complejidad de sus sensores, actuadores, entorno y, sobre todo, ¡en la sofisticación de su «cerebro» de IA!

Una Jerarquía de Inteligencia: De Reaccionar a Aprender

No todos los agentes son iguales. Podemos clasificarlos según cómo funciona su «cerebro»:

- **Agentes Reactivos Simples:** Son los más básicos. Como nuestro termostato. Solo reaccionan a la percepción actual basándose en reglas simples del tipo «SI (condición) ENTONCES (acción)».
- **Agentes Reactivos Basados en Modelo:** ¡Estos ya tienen un poco de memoria! Mantienen un «modelo» de cómo creen que es el mundo, basándose en lo que han percibido. Ejemplo: un robot aspirador que recuerda dónde ya ha limpiado.
- **Agentes Basados en Objetivos:** Estos agentes saben lo que «quieren» conseguir. Sus decisiones se basan en elegir la acción que les acerque más a cumplir sus objetivos. Ejemplo: un sistema de GPS que calcula la ruta más corta

(objetivo) para llegar a un destino.

- **Agentes Basados en Utilidad:** A veces, no basta con alcanzar un objetivo, sino que importa *cómo* se alcanza. Estos agentes intentan maximizar una «medida de felicidad» o **utilidad**. Ejemplo: Un coche autónomo no solo quiere llegar al destino, sino que quiere hacerlo de forma segura, rápida y cómoda.
- **Agentes que Aprenden:** ¡La *crème de la crème*! Estos agentes no nacen sabiendo todo. Tienen la capacidad de **mejorar su rendimiento con la experiencia**. Incluyen un «elemento de aprendizaje» que modifica su «cerebro» para tomar mejores decisiones en el futuro. ¡Aquí es donde entran en juego las técnicas de *Machine Learning*!

¡Robots, Robots por todas Partes! La IA se Vuelve Física

Cuando pensamos en IA en acción, lo primero que nos viene a la mente son los robots. Un robot, en esencia, es un agente inteligente físico, una máquina programable diseñada para realizar tareas en el mundo real, usando la IA como cerebro. Aunque la realidad suele ser menos espectacular y más... industrial.

Veamos algunos tipos:

- **Robots Industriales:** Son los veteranos. Llevan décadas trabajando en fábricas, sobre todo en tareas repetitivas y peligrosas. Los clásicos son los **brazos robóticos** fijos. Tradicionalmente eran «tontos», pero la IA, especialmente la visión por computadora, les está dando flexibilidad para «ver» piezas, adaptarse o trabajar junto a humanos (los llamados «cobots»).
- **Robots de Servicio:** Son los que empiezan a convivir con nosotros fuera de las fábricas. Su objetivo es asistir a los humanos.
  - **Domésticos:** El ejemplo estrella es el **robot aspirador**.
  - **Logística y Almacenes:** Ejércitos de robots autónomos mueven estanterías en los almacenes de gigantes como Amazon.
  - **Entrega:** Drones y pequeños robots repartidores que llevan paquetes.
  - **Asistencia y Cuidado:** Robots en hospitales o para hacer compañía a personas mayores.
- **Vehículos Autónomos:** ¡La gran promesa (y el gran desafío)! Coches, camiones o drones que pueden operar sin intervención humana. Son agentes increíblemente complejos que deben percibir, decidir y actuar en entornos muy dinámicos.
- **Robots Humanoides y Sociales:** Son los que más se parecen a la imagen de la ciencia ficción (como C-3PO o Wall-E). Robots con forma vagamente humana diseñados para interactuar con personas (Pepper, Atlas).

Las Habilidades Clave de un Robot con IA

Para que estos robots puedan hacer algo útil, la IA les proporciona habilidades clave:

- **Navegación Autónoma:** La capacidad de moverse por un entorno de forma independiente. Esto implica:
    - **Localización:** Saber dónde está («¿Dónde estoy en este mapa?»).
    - **Mapeo:** Construir un mapa del entorno a medida que lo explora («¿Cómo es este sitio?»).
    - **SLAM (*Simultaneous Localization and Mapping*):** Hacer localización y mapeo a la vez.
    - **Planificación de Rutas:** Encontrar el mejor camino para ir de A a B.
    - **Evitación de Obstáculos:** Detectar y esquivar objetos inesperados.
- **Manipulación de Objetos:** La habilidad de agarrar, sostener, mover y colocar objetos con precisión. Suena simple, ¡pero es increíblemente difícil!

- **Interacción Humano-Robot (HRI - *Human-Robot Interaction*):** A medida que los robots entran en nuestros hogares, necesitan poder interactuar con nosotros de forma segura y natural. Esto incluye la comunicación, la comprensión social y, lo más importante, la seguridad.

¿Por Qué Se Equivocan los Robots?

Todos hemos visto vídeos de robots fallando de formas espectaculares. ¿Por qué la IA en acción es, a menudo, tan... torpe? La respuesta está en **la enorme complejidad e imprevisibilidad del mundo real**.

- **El Caos del Mundo Real:** Nuestras casas o las calles son caóticas y no estructuradas. La IA, que aprende de patrones, tiene dificultades para generalizar a todas las infinitas variaciones del mundo real.
- **Situaciones Imprevistas (*Edge Cases*):** Siempre surgen casos límite o inesperados. ¿Qué hace un coche autónomo si una bolsa de plástico vuela y tapa sus sensores? Reaccionar de forma sensata a lo inesperado sigue siendo un gran desafío.
- **La Dificultad de la Física «Intuitiva»:** Nosotros tenemos un «sentido común físico» innato. Las IAs tienen que aprender estas cosas, y su comprensión de la física suele ser frágil.
- **La «Maldición» de la Manipulación Fina:** Agarrar objetos diversos requiere una coordinación exquisita. Adaptar la forma y la fuerza del agarre a objetos de diferente tamaño, peso y textura es muy complejo.

- **La Brecha entre Simulación y Realidad (*Sim-to-Real*):** Muchas IAs se entrenan en simuladores. Pero los simuladores nunca replican perfectamente la realidad, y al pasar el modelo al robot físico, surgen problemas.

En resumen, la «torpeza» de los robots no suele ser un fallo del motor, sino una limitación de la IA que los controla para comprender y reaccionar a la complejidad del mundo físico en tiempo real.

Aprendiendo a Caminar (Literalmente)

Hemos visto que la IA no es solo un «cerebro» digital, sino que puede convertirse en un «agente» capaz de percibir y actuar. Desde simples termostatos hasta complejos robots, el concepto de agente inteligente nos ayuda a entender cómo la IA se pone en acción. La robótica impulsada por IA está avanzando a pasos agigantados.

Sin embargo, el camino hacia robots verdaderamente hábiles es largo y lleno de obstáculos. La complejidad del mundo real, lo imprevisible de las situaciones y la dificultad de la interacción física hacen que la IA en acción todavía parezca «torpe». Están, en cierto modo, aprendiendo a caminar, a agarrar, a interactuar... como lo hace un niño, a base de prueba, error y algún que otro tropezón.

Ahora que ya hemos visto cómo la IA percibe el mundo y actúa en él, en el próximo capítulo nos haremos una pregunta fundamental: ¿de qué se alimenta todo este aprendizaje? La respuesta, querido/a lector/a, está en los datos.

Capítulo 7:

Los Datos son el Nuevo Petróleo

(y a veces están sucios)

¡Hola de nuevo, explorador/a de la inteligencia artificial! Soy la Señorita MIA, y hoy vamos a hablar de algo que, aunque no se vea ni haga ruido como un robot, es quizás el componente más fundamental de la IA que está revolucionando nuestro mundo: los **datos**.

Seguro que has oído esa frase que se repite mucho últimamente: «Los datos son el nuevo petróleo». Y, en cierto modo, es verdad. Al igual que el petróleo fue (y sigue siendo) el motor de gran parte de la economía industrial, los datos se han convertido en el combustible indispensable para la economía digital y, sobre todo, para la Inteligencia Artificial moderna, especialmente para esa rama llamada *Machine Learning* (Aprendizaje Automático) de la que hemos hablado en capítulos anteriores.

Piensa en los sistemas de IA que hemos visto: los que reconocen imágenes (Capítulo 4), entienden nuestro lenguaje (Capítulo 5) o controlan robots (Capítulo 6). La mayoría de ellos no nacen sabiendo hacer esas cosas. Tienen que aprender. ¿Y cómo aprenden? ¡Exacto! Aprenden a partir de datos. Montañas y montañas de datos. Los datos son los libros de texto con los que estudia la IA. Son los ingredientes con los que cocina sus predicciones y decisiones. Son la gasolina que necesita el motor de sus algoritmos para funcionar. Sin datos (o con datos de mala calidad), hasta el algoritmo más sofisticado se queda parado, como un coche de Fórmula 1 sin combustible en la línea de salida.

Pero, como sugiere el título del capítulo, este «petróleo» digital no siempre es oro puro. A menudo viene crudo, sin refinar, mezclado con impurezas, y a veces, francamente, está sucio. Puede contener errores, puede faltar información crucial, y lo que es peor, puede estar cargado de sesgos y prejuicios que reflejan lo mejor y lo peor de nuestra sociedad. En este capítulo, vamos a desentrañar por qué los datos son tan vitales, qué tipos de datos alimentan a la IA, los desafíos que presentan (¡sobre todo esos molestos sesgos!) y por qué la tarea, a menudo invisible, de preparar y limpiar los datos es tan crucial como diseñar el propio algoritmo. ¡Pónganse los guantes, que vamos a arremangarnos para examinar el combustible de la IA!

El Menú de la IA: ¿Por Qué Necesita Datos para Aprender?

Imagina que quieres enseñar a un niño la diferencia entre un perro y un gato. ¿Qué haces? Le muestras fotos (¡datos!). Le dices: «Mira, esto es un perro. Tiene hocico largo, orejas caídas, ladra». «Esto es un gato. Tiene bigotes, orejas puntiagudas, maúlla». Después de ver suficientes ejemplos (¡más datos!), el niño empieza a reconocer los patrones y puede identificar correctamente un perro o un gato que no había visto antes.

El *Machine Learning* funciona de manera conceptualmente similar (aunque, obviamente, sin la comprensión real del niño). Para entrenar un modelo de IA para realizar una tarea, necesitamos alimentarlo con una gran cantidad de datos de ejemplo:

- **Para reconocer gatos en fotos:** Necesitamos miles (o millones) de fotos etiquetadas como «gato» y «no gato». La IA analiza los patrones de píxeles asociados a la etiqueta «gato» y aprende a identificarlos.
- **Para traducir de español a inglés:** Necesitamos millones de pares de frases con su traducción correcta. La IA aprende las correspondencias entre palabras y estructuras en ambos idiomas.
- **Para predecir si un cliente abandonará la compañía:** Necesitamos datos históricos de miles de clientes, incluyendo sus características, su comportamiento y si finalmente se fueron o no. La IA busca patrones en los datos de los clientes que se fueron para predecir quién podría ser el siguiente.

- **Para que un coche autónomo detecte peatones:** Necesita haber «visto» (en sus datos de entrenamiento) millones de ejemplos de peatones en diferentes condiciones de luz, ángulos, ropa, etc.

En todos estos casos, los datos son la materia prima del aprendizaje. La IA no «razona» desde el principio como un filósofo; encuentra patrones estadísticos en los datos que le permiten hacer predicciones o tomar decisiones sobre datos nuevos. Cuantos más datos relevantes y de buena calidad tenga para aprender, mejores serán, en general, sus patrones y, por lo tanto, su rendimiento en la tarea.

No Todos los Datos Valen: Cantidad, Calidad y Diversidad

Ahora bien, no basta con tener «muchos datos». La eficacia de la IA depende críticamente de tres factores:

1. **Cantidad:** Como regla general (especialmente para modelos complejos como los de *Deep Learning*), más datos

suelen ser mejor. Cuantos más ejemplos vea la IA, mejor podrá generalizar a situaciones nuevas. ¡Acumular basura solo te da un montón de basura más grande!

2. **Calidad (¡La Regla de Oro: GIGO!):** Aquí entra la famosa máxima de la informática: ***Garbage In, Garbage Out* (GIGO)**, que podríamos traducir como «Basura entra, Basura sale». Si los datos con los que entrenas a tu IA son basura (con errores, ruido, inconsistencias o datos incompletos), el modelo resultante será, en el mejor de los casos, impreciso y, en el peor, totalmente inútil o incluso perjudicial.
3. **Diversidad y Representatividad:** ¡Este punto es crucial! Los datos de entrenamiento deben ser representativos del mundo real en el que la IA va a operar. Si entrenas un sistema de reconocimiento facial principalmente con fotos de hombres blancos, probablemente fallará estrepitosamente al intentar reconocer caras de mujeres o personas de otras etnias. ¿Por qué? Porque no «vio» suficientes ejemplos diversos durante su entrenamiento. La falta de diversidad en los datos es una de las principales causas de los sesgos en la IA.

El Zoo de los Datos: Estructurados vs. No Estructurados

Los datos que alimentan a la IA vienen en muchas formas. Podemos agruparlos en dos grandes categorías:

- **Datos Estructurados:** Son los datos que están organizados de forma ordenada, típicamente en tablas con filas y columnas, como en una hoja de cálculo. Cada columna representa una característica (nombre, edad, precio) y cada fila un registro. Son más fáciles de procesar para muchos algoritmos.
- **Datos No Estructurados:** ¡Aquí es donde reside la gran mayoría de la información del mundo (se estima que más del 80%)! Son datos que no tienen un formato predefinido. Vienen en estado «salvaje». Por ejemplo: el texto de libros y correos electrónicos, imágenes, vídeos, archivos de audio, etc. Son mucho más difíciles de procesar.

Los Dolores de Cabeza del Científico de Datos: Escasez, Ruido y... ¡SESGOS!

Trabajar con datos para IA no es un camino de rosas. Los científicos e ingenieros de datos se enfrentan a varios desafíos importantes:

- **Escasez de Datos:** Aunque vivimos en la era del *Big Data*, encontrar suficientes datos de buena calidad para una tarea específica puede ser difícil. A veces hay que crear los datos desde cero.
- **Ruido e Inconsistencias:** Los datos del mundo real rara vez son perfectos. Están llenos de errores, valores atípicos o información contradictoria.

- **¡¡SESGOS!! (¡El Elefante en la Habitación!):** Este es, posiblemente, el desafío más crítico. Los **sesgos** en los datos ocurren cuando estos no representan de forma justa la realidad, o cuando reflejan prejuicios históricos o sociales. Si entrenamos una IA con datos sesgados, la IA aprenderá y perpetuará esos sesgos. Las consecuencias pueden ser muy graves: sistemas de contratación que discriminan, software de reconocimiento facial menos preciso para ciertos grupos, o modelos de lenguaje que generan texto ofensivo. Combatir los sesgos es fundamental para lograr una IA responsable y justa.

Limpieza y Preprocesamiento: ¡El Trabajo Sucio!

Dada la realidad de los datos, una gran parte del trabajo en un proyecto de IA (se dice que hasta el 80% del tiempo) se dedica a la **limpieza y preprocesamiento de los datos**. Es la parte menos glamurosa, pero absolutamente vital. Imagina que eres un chef (la IA) y te dan los ingredientes (los datos). Antes de cocinar, necesitas: lavar las verduras (eliminar ruido), pelar y picar (transformar formatos), quitar las partes malas (manejar errores) y asegurarte de tenerlo todo en las proporciones correctas. Este proceso incluye tareas como manejar valores perdidos, corregir errores (como chorizo en la paella), estandarizar formatos o normalizar datos.

Privacidad y Ética: El Lado Oscuro del «Petróleo»

La analogía de los datos como el nuevo petróleo también tiene un lado oscuro. La recopilación y uso masivo de datos plantea serios problemas de privacidad y ética.

- **Privacidad:** Muchos datos son personales (clics, fotos, ubicación...). Es fundamental protegerlos. Regulaciones como el **RGPD** (*Reglamento General de Protección de Datos*) en Europa establecen normas estrictas sobre cómo se pueden recopilar, almacenar y utilizar.
- **Ética:** Surgen otras cuestiones: ¿Es ético usar datos para crear sistemas que puedan discriminar? ¿Quién es el dueño de los datos? ¿Cómo garantizamos la transparencia? ¿Y la seguridad? No todo vale en la carrera por los datos.

Si te interesa el tema, en los apéndices tienes un apartado sobre «las 7 normas de Google para una IA responsable». Te invito a que pares aquí y les eches un ojo.

El Dúo Dinámico:

Para terminar, volvamos a la idea inicial. En la IA moderna, tenemos dos componentes clave que trabajan juntos: **el algoritmo y los datos**.

- Un **algoritmo genial** sin datos buenos es como un coche de Fórmula 1 con el depósito vacío. No llegará muy lejos.
- Unos **datos maravillosos**, pero usados con un algoritmo inadecuado, tampoco darán resultados óptimos. Es como ponerle el mejor combustible del mundo a un tractor viejo para correr una carrera.

Se necesita la combinación adecuada de ambos. A menudo, mejorar la calidad o cantidad de los datos tiene un impacto mayor que ajustar mínimamente el algoritmo. ¡Los datos mandan!

El Oro (a veces sucio) de la IA

Hemos descubierto que los datos son el verdadero motor que impulsa a la mayoría de las inteligencias artificiales que nos rodean. Son el material de estudio con el que los algoritmos de *Machine Learning* aprenden. Hemos visto que no vale cualquier dato: la cantidad, la calidad y, sobre todo, la diversidad son cruciales. Los datos «sucios» —con ruido, inconsistencias o, peor aún, sesgos— pueden llevar a IAs ineficaces, injustas o incluso peligrosas. Además, la era del *Big Data* nos obliga a ser muy conscientes de los desafíos de privacidad y ética.

Así que, la próxima vez que interactúes con una IA, recuerda que detrás de su aparente inteligencia hay, casi siempre, una enorme cantidad de datos que la han alimentado y moldeado. Y la calidad de esa «dieta» de datos determina, en gran medida, lo buena (¡y justa!) que será la IA resultante.

¡Hasta la próxima, excavador de datos!

Capítulo 8:

Métricas, Evaluaciones y la Difícil Tarea de Saber si una IA es 'Buena'

(o solo parece lista)

¡Hola de nuevo, detective de la inteligencia artificial! Soy tu fiel Señorita MIA, y hoy nos enfrentamos a una pregunta crucial que surge después de todo el esfuerzo de crear y entrenar una IA: ¿Cómo sabemos si lo hemos hecho bien? ¿Cómo medimos si nuestra flamante IA es realmente «buena» en su trabajo, o si simplemente ha aprendido a darnos el pego y «parece lista»?

Porque, seamos sinceros, una IA puede generar respuestas que suenan coherentes (Capítulo 5), identificar objetos en fotos la mayor parte del tiempo (Capítulo 4) o mover un brazo robótico con aparente soltura (Capítulo 6), pero eso no significa necesariamente que sea fiable, justa o útil en el mundo real. Necesitamos formas objetivas (o lo más objetivas posible) de juzgar su rendimiento, de ponerle nota, por así decirlo. Evaluar una IA es fundamental por muchas razones:

- Para saber si realmente resuelve el problema para el que fue creada.
- Para comparar diferentes modelos o enfoques y elegir el mejor.
- Para detectar problemas como los sesgos (Capítulo 7) o la falta de robustez.
- Para decidir si la IA está lista para ser utilizada en el mundo real (¡especialmente si tiene implicaciones importantes, como en medicina o conducción autónoma!).

Pero medir el «éxito» de una IA no es tan simple como mirar un número en una pantalla. Como veremos, la definición de «bueno» cambia según la tarea, las métricas pueden ser engañosas y, a veces, la evaluación más importante va más allá de los números. ¡Prepárate para sumergirte en el mundo de las métricas, los exámenes finales para IAs y la búsqueda de la verdadera «calidad» artificial!

¿«Buena» Pa' qué? La Importancia del Contexto

Lo primero que debemos entender es que no existe una medida universal de «bondad» para la IA. Que una IA sea «buena» depende totalmente de qué tarea está intentando resolver y en qué contexto.

- Para un sistema que **detecta spam**, ser «bueno» significa atrapar la mayor cantidad de spam posible sin mandar a la carpeta de spam correos importantes.

- Para un sistema de **diagnóstico médico**, ser «bueno» significa identificar correctamente a los pacientes que tienen la enfermedad y también a los que no la tienen. ¡Aquí los errores pueden tener consecuencias graves!
- Para un **traductor automático**, ser «bueno» implica producir traducciones que sean precisas en significado y fluidas.
- Para un **coche autónomo**, ser «bueno» es, ante todo, ser seguro. La velocidad o la comodidad son secundarias.
- Para una IA que **genera música o arte**, la «bondad» es mucho más subjetiva.

Por lo tanto, antes de poder evaluar una IA, necesitamos definir claramente cuáles son los objetivos y qué significa «éxito» en ese contexto específico. ¿Qué tipo de errores son aceptables y cuáles son intolerables?

El «Examen Final» de la IA

¿Recuerdas que las IAs aprenden entrenándose con datos? Bueno, pues no podemos evaluar a la IA usando los mismos datos con los que estudió. Sería como dejar que un estudiante se examinara con el libro de texto abierto y las respuestas subrayadas. ¡Sacaría un 10, pero no sabríamos si realmente aprendió algo!

Para evaluar correctamente, necesitamos datos nuevos, que la IA no haya visto durante su entrenamiento. Por eso, en un proyecto de *Machine Learning* típico, el conjunto de datos total se divide cuidadosamente en (al menos) tres partes:

1. **Conjunto de Entrenamiento (*Training Set*):** Es la porción más grande de los datos (normalmente 60-80%). Se utiliza para **entrenar el modelo**, para que aprenda los patrones. Son los «libros de texto y apuntes» con los que estudia la IA.
2. **Conjunto de Validación (*Validation Set*):** Una porción más pequeña (10-20%). Se utiliza **durante el desarrollo** para tomar decisiones sobre el modelo, por ejemplo, para ajustar ciertos parámetros de configuración del algoritmo. Piénsalo como los «exámenes de prueba» o «simulacros» que hace un estudiante. Es crucial porque nos ayuda a evitar un problema llamado **sobreajuste (*overfitting*)**, del que hablaremos luego.

3. **Conjunto de Prueba (*Test Set*):** Otra porción pequeña (10-20%), ¡y la más sagrada! Este conjunto se mantiene **totalmente separado y oculto** hasta el final del desarrollo. Se usa una sola vez, cuando ya hemos elegido nuestro modelo final, para obtener una evaluación honesta y **no sesgada** de cómo se espera que funcione la IA con datos completamente nuevos. Es el «examen final» sorpresa. La nota que saque aquí es la que realmente nos dice qué tan bien ha generalizado lo aprendido.

Esta separación es **fundamental** para una evaluación fiable. ¡Hacer trampas en el examen final de la IA es engañarse a uno mismo!

Poniéndole Nota a la IA

Una vez que tenemos nuestro conjunto de prueba listo, ¿cómo le ponemos nota a la IA? Usamos **métricas**: números que intentan cuantificar diferentes aspectos del rendimiento.

Existen muchísimas, y las adecuadas dependen del tipo de tarea:

Para Tareas de Clasificación (¿Gato o Perro? ¿Spam o No Spam?)

- ***Accuracy* (Precisión Global o Exactitud):** La métrica más intuitiva. Es simplemente el **porcentaje total de predicciones correctas**. ¡Cuidado!* La *accuracy* puede ser muy engañosa si las clases están desbalanceadas. Imaginen una enfermedad muy rara que solo afecta al 1% de la población. Una IA «tonta» que siempre predice «No enfermo» tendrá una *accuracy* del 99%, pero es completamente inútil.
- **Matriz de Confusión:** No es una métrica, sino una tabla que nos ayuda a entender **dónde** se equivoca la IA. Compara las predicciones con la realidad y cuenta:
    - **Verdaderos Positivos (VP):** Predijo «Positivo» y acertó (Ej: dijo «Spam» y era Spam).
    - **Verdaderos Negativos (VN):** Predijo «Negativo» y acertó (Ej: dijo «No Spam» y no era Spam).
    - **Falsos Positivos (FP - Error Tipo I):** Predijo «Positivo» pero se equivocó (Ej: dijo «Spam» pero era un email importante).
    - **Falsos Negativos (FN - Error Tipo II):** Predijo «Negativo» pero se equivocó (Ej: dijo «No Spam» pero sí era Spam). ¡O el error del test médico que no detecta a un enfermo!

- ***Precision*** **(Precisión Específica):** De todas las veces que la IA predijo «Positivo», ¿cuántas acertó? Una alta precisión es importante cuando el coste de un Falso Positivo es alto.
- ***Recall*** **(Sensibilidad o Exhaustividad):** De todos los casos que *realmente* eran «Positivo», ¿cuántos encontró la IA? Un alto *recall* es crucial cuando el coste de un Falso Negativo es alto (ej: no detectar una enfermedad grave).
- ***F1-Score***: A menudo, queremos un equilibrio entre *Precision* y *Recall*. El *F1-Score* es la **media armónica** de ambas, un número único que intenta balancearlas.

Para Tareas de Regresión (Predecir un Número)

- **Error Cuadrático Medio (MSE - *Mean Squared Error*):** Calcula la media de las diferencias al cuadrado entre la predicción y el valor real. Un MSE más bajo es mejor.
- **Raíz del Error Cuadrático Medio (RMSE - *Root Mean Squared Error*):** Es la raíz cuadrada del MSE. La ventaja es que el resultado está en las mismas unidades que lo que estamos prediciendo, lo que lo hace más fácil de interpretar.

Para Tareas de Procesamiento del Lenguaje Natural (PLN)

- ***BLEU Score*** **(Para Traducción Automática):** Compara la traducción de la IA con traducciones humanas de referencia. Mide cuántas palabras y secuencias de palabras coinciden.
- ***Perplexity*** **(Para Modelos de Lenguaje):** Mide qué tan «sorprendido» está un modelo al ver una secuencia de palabras real. Una *perplexity* baja sugiere que «entiende» mejor la estructura del lenguaje.

Los Peligros Ocultos: Más Allá de los Números

Confiar ciegamente en las métricas puede ser peligroso. Hay varios escollos:

- **Sobreajuste (Overfitting): El Estudiante que Memoriza sin Entender.** Lo mencioné más arriba, ¿recuerdas? A veces, un modelo de IA se vuelve *demasiado* bueno aprendiendo los datos de entrenamiento. En lugar de aprender los patrones generales, se memoriza los ejemplos específicos, incluyendo el ruido y las peculiaridades de ese conjunto de datos en particular. Como resultado, obtiene notas altísimas en los datos de entrenamiento (¡y quizás incluso en validación si no somos cuidadosos!), pero cuando le presentamos datos nuevos (el conjunto de prueba o el mundo real), falla estrepitosamente porque no sabe generalizar. Es como un estudiante que memoriza las respuestas exactas del libro pero no entiende los conceptos y suspende el examen final si le cambian un poco las preguntas. Los conjuntos de validación y prueba son nuestras herramientas para detectar este sobreajuste. Si el rendimiento en entrenamiento es mucho mejor que en validación/prueba, ¡cuidado!
- **Las Métricas no lo Cuentan Todo:** Una IA puede tener métricas excelentes y aun así ser problemática:
    - Puede ser injusta o sesgada: Como vimos, si los datos tienen sesgos, la IA los aprenderá. Una métrica global (como accuracy) puede ocultar que el modelo funciona muy mal para un grupo demográfico específico. ¡Necesitamos evaluar la equidad explícitamente!
    - Puede no ser robusta: Quizás funciona bien con datos "limpios" como los del conjunto de prueba, pero falla ante pequeñas variaciones, ruido

inesperado o ataques malintencionados (datos manipulados sutilmente para engañar a la IA) en el mundo real.

- Puede no ser interpretable: La IA da una respuesta, pero no sabemos *por qué*. En áreas críticas como la medicina o las finanzas, la falta de explicabilidad es un problema grave para la confianza y la detección de errores.
- Puede no resolver el problema real: Quizás optimizamos una métrica equivocada, o la métrica no captura bien el objetivo final.

Comparando Manzanas con Manzanas

Para poder comparar diferentes modelos de IA de forma más estandarizada, la comunidad científica y tecnológica utiliza benchmarks (¡toma palabro!). Un benchmark suele ser un conjunto de datos estándar junto con unas métricas de evaluación definidas para una tarea específica (por ejemplo, reconocimiento de objetos en el dataset ImageNet, traducción en WMT, comprensión lectora en SQuAD). Los investigadores pueden probar sus nuevos modelos en estos benchmarks y

comparar sus resultados con los de otros, lo que ayuda a medir el progreso en el campo.
También existen competiciones (plataformas como Kaggle son muy populares) donde se plantea un problema, se proporcionan datos de entrenamiento y los participantes compiten por crear el modelo con mejor rendimiento (evaluado en un conjunto de prueba oculto). ¡Son como las olimpiadas de la IA! ¡¡Y yo saqué medalla de oro 🥇!!

Confiar ciegamente en las métricas puede ser peligroso. Hay varios escollos:

- **Sobreajuste (*Overfitting*): El Estudiante que Memoriza sin Entender.** A veces, un modelo se vuelve *demasiado* bueno aprendiendo los datos de entrenamiento. En lugar de aprender los patrones generales, se memoriza los ejemplos específicos. Incluyendo el ruido y las peculiaridades de ese conjunto de datos. Como resultado, obtiene notas altísimas en entrenamiento, pero falla estrepitosamente con datos nuevos porque no sabe generalizar. Si el rendimiento en entrenamiento es mucho mejor que en validación/prueba, ¡cuidado!

- **Las Métricas no lo Cuentan Todo:** Una IA puede tener métricas excelentes y aun así ser problemática:
  - **Puede ser injusta o sesgada:** Una métrica global puede ocultar que el modelo funciona muy mal para un grupo demográfico específico.
  - **Puede no ser robusta:** Quizás funciona bien con datos «limpios», pero falla ante pequeñas variaciones o ruido en el mundo real.

- ○ **Puede no ser interpretable:** La IA da una respuesta, pero no sabemos *por qué*. En áreas críticas, la falta de explicabilidad es un problema grave.

Para una evaluación completa, necesitamos una **visión holística** que combine métricas con análisis cualitativos:

1. **Análisis de Errores:** Mirar **dónde** y **por qué** se equivoca la IA.
2. **Evaluación de la Equidad (*Fairness*):** Analizar si el rendimiento es similar en diferentes subgrupos.
3. **Pruebas de Robustez:** Evaluar cómo se comporta ante datos ruidosos o incompletos.
4. **Interpretabilidad y Explicabilidad:** Intentar entender por qué la IA toma ciertas decisiones.
5. **Evaluación Humana:** Para tareas subjetivas (creatividad, conversación), la mejor evaluación proviene de jueces humanos.
6. **Pruebas en el Mundo Real™ (Pilotaje):** Probar la IA en un entorno real controlado antes de un despliegue a gran escala.

7. **Consideración del Impacto Ético y Social:** Evaluar no solo si funciona bien técnicamente, sino también sus posibles consecuencias.

La IA Bajo la Lupa

Hemos visto que ponerle nota a una IA no es tarea fácil. Necesitamos definir qué significa «éxito», usar conjuntos de datos separados para una evaluación honesta y elegir las métricas adecuadas. Pero también hemos aprendido que las métricas, aunque útiles, no son la panacea. Pueden ser engañosas, ocultar problemas graves como los sesgos y no capturan toda la complejidad del rendimiento en el mundo real.

Por eso, una evaluación verdaderamente completa de la IA debe ir más allá de los números. Requiere analizar los errores, comprobar la equidad y la robustez, y considerar el impacto real en las personas y la sociedad. Se trata de saber no solo si la IA *parece* lista, sino si es *realmente* buena, útil y responsable.

Capítulo 9:

La IA en el Trabajo y en la Sociedad

¡Ay, querido/a lector/a! Si hay un tema que nos pone los pelos como escarpias cuando hablamos de Inteligencia Artificial, ese es, sin duda, el futuro de nuestros empleos. Flota en el ambiente una preguntita con muy mala uva: «¿Vendrá un robot con más luces que yo a quitarme el pan y la sal?».

Es normal sentir ese pellizquito en el estómago. Durante décadas, las películas nos han pintado escenarios donde las máquinas lo hacen todo y los humanos... bueno, a veces sobran. Pero, como ya hemos aprendido juntos, la realidad suele ser menos espectacular y mucho más matizada. En este capítulo, vamos a mirar de frente a este toro bravo que es el impacto de la IA en el mundo laboral para, después, ampliar la mirada a las cuestiones éticas que definirán nuestro futuro con ella. No te voy a dorar la píldora, pero tampoco voy a pintar un apocalipsis robótico. Como buena Señorita MIA que soy, intentaremos desentrañar qué hay de cierto en esos miedos, qué oportunidades se esconden y, sobre todo, cómo podemos prepararnos. Así que, respira hondo, sírvete un café (o una tila) y acompáñame a explorar esta cuestión que nos toca la fibra sensible. ¿Listo/a? ¡Pues al tajo!

La IA llega a la oficina (y a la fábrica, y al hospital...)

Primero, pongamos las cartas sobre la mesa. Sí, la IA va a automatizar –y ya lo está haciendo– muchas tareas. La automatización no es nueva; llevamos siglos haciéndola, desde el arado hasta el lavavajillas de casa. La IA es como un lavavajillas con esteroides, capaz de abordar tareas mucho más complejas. Principalmente, aquellas que son:

- **Repetitivas:** Esas cosas que hacemos una y otra vez. Introducir datos, clasificar documentos, responder a las mismas preguntas frecuentes... Para una IA, esto es pan comido.
- **Predecibles:** Tareas que siguen un patrón claro, donde las reglas del juego están bien definidas.
- **Basadas en el análisis de grandes cantidades de datos:** Una IA puede procesar y encontrar correlaciones en volúmenes de información que a un humano le llevarían varias vidas.

Por ejemplo, en la fábrica, «cobots» (robots colaborativos) trabajan con operarios y la IA detecta defectos minúsculos en el control de calidad. En la atención al cliente, los chatbots gestionan consultas básicas. En la oficina, tareas como el procesamiento de facturas o la gestión de nóminas se automatizan. Es innegable que algunos puestos de trabajo, tal y como los conocemos hoy, van a transformarse radicalmente o, incluso, a desaparecer. Si tu trabajo consiste principalmente en estas tareas, es muy probable que una IA pueda hacerlo.

Este miedo no es nuevo. En el siglo XIX, los luditas destruían los telares mecánicos por temor a que les quitaran el trabajo. Y sí, muchos artesanos perdieron su empleo tradicional, pero la industrialización también creó una demanda masiva de otros tipos de trabajadores. La clave, entonces y ahora, no es parar la ola, sino aprender a surfearla.

«Cuando una puerta se cierra, una ventana (o un puerto USB) se abre»

Aquí viene la parte que a menudo se nos olvida: la IA no solo «destruye» empleo, ¡también lo crea! Si tenemos más sistemas de IA, necesitaremos gente que los diseñe, entrene, supervise y mantenga. Cuando aparecieron los automóviles, desapareció el herrador de caballos, pero surgieron los mecánicos, ingenieros, conductores, etc. Con la IA está pasando algo parecido. Están naciendo roles que hace una década sonarían a chino:

- **Ingeniero/a de IA (*AI Engineer*) y Científico/a de Datos (*Data Scientist*):** Los arquitectos y alquimistas de la IA. Diseñan y entrenan los algoritmos.
- **Especialista en Ética de la IA (*AI Ethicist*):** ¡Este me encanta! Es el «Pepito Grillo» de la IA. Se encarga de que los sistemas sean justos, transparentes y no discriminatorios.

- **Entrenador/a de IA (*AI Trainer*):** «Alimentan» a las IAs con los datos correctos, etiquetan información y corrigen sus errores. Son como sus profesores de primaria.
- **Ingeniero/a de Prompts (*Prompt Engineer*):** ¡Ojo a este, que me toca de cerca! Se especializa en diseñar las preguntas o instrucciones («prompts») para que las IAs generativas den los mejores resultados. Es el arte de saber preguntar.
- **Consultor/a de Implementación de IA:** Ayudan a las empresas a entender cómo la IA puede mejorar sus procesos y a implementar las soluciones adecuadas.

Y esto es solo la punta del iceberg. A medida que la IA evolucione, surgirán nuevas profesiones que hoy ni siquiera podemos imaginar.

La IA, esa compañera de trabajo (a veces un poco rarita, pero eficiente)

Una de las transformaciones más importantes es que la IA se está convirtiendo en una herramienta para potenciar el trabajo humano. No se trata de que haga nuestro trabajo, sino de que nos ayude a hacerlo mejor, quitándonos las tareas más pesadas para que podamos concentrarnos en lo que las máquinas no pueden hacer tan bien: el pensamiento crítico, la creatividad, la empatía y la estrategia.

- **En la Sanidad:** La IA ayuda a los médicos a diagnosticar enfermedades analizando imágenes médicas con mayor precisión, acelera el descubrimiento de fármacos y permite a los cirujanos operar con robots de mayor precisión. ¡El médico no desaparece, se convierte en un «supermédico»!
- **En la Creatividad:** ¿La IA matará al artista? ¡Para nada! Herramientas de IA pueden ayudar a escritores a superar bloqueos, a músicos a componer y a diseñadores a visualizar ideas rápidamente. La IA se convierte en un colaborador creativo.
- **En la Investigación Científica:** Su capacidad para analizar datos masivos está revolucionando campos como la genómica o la climatología, acelerando el ritmo de los descubrimientos.

La idea es que la IA se encargue de lo «maquinal», y nosotros de lo genuinamente «humano», lo que podría llevar a trabajos menos tediosos y más estimulantes.

La Adaptación es la Clave

Si hay una palabra que definirá el futuro del trabajo, esa es **adaptación**. Tenemos que ponernos las pilas, y esto significa dos cosas:

- ***Reskilling* (Reciclaje Profesional):** Aprender habilidades completamente nuevas para poder desempeñar trabajos diferentes.
- ***Upskilling* (Mejora de Habilidades):** Adquirir nuevas competencias para hacer mejor nuestro trabajo actual, incorporando herramientas de IA.

El aprendizaje continuo (*lifelong learning*) es fundamental. ¡Aprender a aprender será la habilidad estrella! Y las habilidades más cotizadas serán, curiosamente, las más humanas: pensamiento crítico, creatividad, inteligencia emocional y comprensión básica de la IA. La curiosidad será nuestra mejor aliada.

¿Amiga o Enemiga? La Ética como Brújula

Esta necesidad de una visión equilibrada y de adaptación no se limita solo al trabajo. Nos lleva directamente al corazón del debate: más allá del empleo, ¿cómo nos aseguramos de que la IA, como fuerza transformadora, sea una amiga y no una enemiga? Para responder a eso, debemos enfrentarnos a sus sombras éticas más profundas.

El Fantasma en la Máquina: Sesgos

El problema de los **sesgos** es una de las mayores sombras éticas de la IA actual. Si los datos con los que entrenamos a una IA reflejan prejuicios de la sociedad, la IA no solo los aprenderá, sino que puede amplificarlos y perpetuarlos, creando sistemas que discriminan de forma automática y a gran escala. Esto no es una teoría abstracta, ¡está pasando ahora mismo!

- **Reconocimiento Facial:** Muchos sistemas tienen tasas de error más altas para mujeres y personas de piel oscura porque fueron entrenados con datos donde los hombres blancos estaban sobrerrepresentados.
- **Contratación de Personal:** Una IA entrenada con datos históricos de una empresa donde las mujeres estaban infrarrepresentadas puede aprender a penalizar sistemáticamente a las candidatas, como le ocurrió a Amazon.
- **Concesión de Préstamos:** Un sistema entrenado con datos que reflejan discriminación pasada puede denegar créditos de forma injusta basándose en factores indirectos como el código postal.

Estos ejemplos nos muestran que los sesgos tienen consecuencias reales y dañinas en la vida de las personas. Combatirlos requiere un esfuerzo consciente: recopilar datos más diversos, auditar los algoritmos y ser transparentes sobre sus limitaciones.

¿Quién Paga los Platos Rotos? Responsabilidad

Imagina que un coche autónomo causa un accidente o que un sistema de diagnóstico médico falla. ¿Quién es el responsable? Esta pregunta es uno de los mayores quebraderos de cabeza éticos y legales. ¿Es el programador? ¿La empresa que lo entrenó? ¿El usuario? La respuesta es complicada porque las IAs actuales no son agentes morales y su complejidad dificulta trazar la línea de responsabilidad. Esto crea una «brecha de responsabilidad»: podría ocurrir un daño significativo sin que sea legalmente posible hacer responsable a nadie.

Abriendo la Caja Negra: Transparencia

Muy relacionado con la responsabilidad está el problema de la **«caja negra» (*black box*)**. Muchos de los modelos de IA más potentes, como las redes neuronales profundas, funcionan muy bien, pero puede ser extremadamente difícil entender por qué toman una decisión específica. El proceso intermedio es opaco. Esta falta de transparencia es un problema para la confianza, la detección de errores y el cumplimiento legal. Por eso, el campo de la **IA Explicable (XAI)** busca desarrollar técnicas para hacer los modelos más transparentes.

Construyendo un Futuro Responsable

Frente a todos estos desafíos, la pregunta es: ¿qué hacemos? El futuro de la IA no está escrito en piedra; lo estamos escribiendo nosotros, ahora mismo. Construir una IA ética y beneficiosa requiere un esfuerzo colectivo:

- **Ética desde el Diseño (*Ethics by Design*):** Integrar las consideraciones éticas desde el principio del desarrollo.
- **Equipos Multidisciplinares:** Incluir a expertos en ética, ciencias sociales y derecho junto a los ingenieros.
- **Regulación Inteligente:** Desarrollar leyes que fomenten la innovación pero establezcan límites claros para proteger los derechos fundamentales.
- **Educación y Debate Público:** Fomentar una mayor comprensión pública de la IA y sus implicaciones para promover un debate informado.

Como ciudadanos, informarnos, hacer preguntas críticas y exigir transparencia y responsabilidad es fundamental.

Conclusión: La IA como Reflejo y Desafío

Hemos visto cómo la IA está destinada a transformar el mundo laboral, no necesariamente eliminando empleos, sino cambiando la naturaleza del trabajo y creando nuevas oportunidades. La clave para navegar esta transición es la adaptación y el aprendizaje continuo. Pero esta transformación va unida a una profunda responsabilidad ética. La IA, lejos de ser neutral, puede heredar y amplificar nuestros propios sesgos, llevando a la discriminación. Nos enfrenta a la dificultad de asignar responsabilidades cuando las máquinas fallan y a la importancia de luchar por la transparencia.

La pregunta «¿Amiga o Enemiga?» no tiene una respuesta simple porque la IA, en gran medida, es un reflejo de nosotros mismos: de nuestros datos, de nuestras prioridades y de nuestros valores. Es una herramienta poderosa que nos desafía a ser más conscientes, más justos y más responsables. El futuro que construyamos con ella dependerá de las decisiones éticas que tomemos hoy.

Capítulo 10:

La IA como Creativa: ¿Puede una Máquina Ser Artista?

Imagina por un momento que entras en una galería de arte. Hay cuadros abstractos, retratos hiperrealistas, paisajes oníricos... Te dicen que el artista es un tal «ArtIAsta Silíceo». Te encanta una obra, la compras. Y luego, al leer la letra pequeña, descubres que ArtIAsta Silíceo no es un humano con boina, sino un conjunto de algoritmos. O imagina que escuchas una melodía que te llega al alma y resulta que ha sido compuesta enteramente por una inteligencia artificial. ¿Qué sentirías? ¿Admiración? ¿Incredulidad?

Bienvenido/a, querido lector/a, a uno de los debates más candentes que nos plantea la IA: su creciente capacidad para generar contenido que considerábamos exclusivo del ingenio humano. En este capítulo, vamos a explorar este fascinante mundo. Intentaremos entender cómo estas «musas digitales» son capaces de escribir, pintar y componer. Y, por supuesto, nos meteremos en el jardín de las grandes preguntas: ¿Es esto realmente arte? ¿Quién es el artista? ¿Y qué significa «originalidad» cuando una máquina se basa en millones de obras humanas para crear algo «nuevo»?

No te prometo respuestas sencillas, porque no las hay. Pero sí un viaje lleno de ejemplos asombrosos. ¡Ajusta tu cinturón neuronal, que despegamos!

Conociendo a las «Musas» Digitales

Cuando hablamos de IA creativa, nos referimos principalmente a la **IA generativa**. A diferencia de otras IAs que analizan datos (como vimos en capítulos anteriores), su objetivo es **crear contenido nuevo y original**. Es como si, en lugar de solo leer todos los libros de una biblioteca, la IA decidiera escribir el suyo propio. Y vaya si lo están haciendo:

- **Creación de Texto (¡La IA poeta y novelista!):** ¿Imaginas pedirle a una IA un poema al estilo de Shakespeare o un cuento de ciencia ficción? Ya existen **Grandes Modelos de Lenguaje (LLMs)**, como el que usa esta humilde Señorita MIA, capaces de generar textos increíblemente coherentes y creativos. Pueden redactar artículos, crear descripciones de productos, resumir documentos e incluso ayudar a programadores. Herramientas como ChatGPT, Jasper o Copy.ai ya son utilizadas por redactores y profesionales del marketing.
- **Creación de Imágenes (¡El «Picasso» algorítmico!):** Este es uno de los campos más espectaculares. Imagina escribir «un gato astronauta flotando en el espacio comiendo una hamburguesa, al estilo de Van Gogh» y, en segundos, obtener varias imágenes asombrosas. Esto es posible gracias a modelos como DALL-E 2, Midjourney o Stable

Diffusion, que pueden crear desde ilustraciones hasta «fotografías» de personas que no existen con un realismo que asusta.

- **Creación de Música (¡La IA directora de orquesta!):** Existen sistemas capaces de componer música en una gran variedad de géneros, desde piezas clásicas que podrían pasar por Bach, hasta melodías pop o bandas sonoras para videojuegos. Analizan patrones en miles de composiciones y generan nuevas piezas que, en teoría, son originales. Herramientas como AIVA (*Artificial Intelligence Virtual Artist*) o Amper Music permiten experimentar con la composición asistida por IA.

- **Creación de Vídeo (¡El cineasta artificial en ciernes!):** Este campo es más incipiente, pero ya vemos avances. Hay IAs que pueden generar clips cortos a partir de texto, animar fotografías o crear avatares virtuales que hablan de forma realista. Herramientas como Synthesia para crear vídeos con avatares o RunwayML para edición de vídeo son ejemplos.

¿Y Cómo Rayos Hacen Eso?

No es brujería, sino ciencia y muchísimos datos. Dos de los «trucos» más importantes son:

- **Redes Generativas Antagónicas (GANs): El Juego del Policía y el Ladrón Artístico.** Son famosas por generar imágenes realistas. Imagina dos «cerebritos» de IA compitiendo:
    - El **Generador** (el «falsificador») intenta crear imágenes que parezcan reales. Al principio, son un churro.
    - El **Discriminador** (el «detective») intenta distinguir las imágenes reales de las falsas.
    - El truco es que aprenden el uno del otro. Cuando el

Discriminador pilla una falsificación, el Generador mejora. Cuando el Generador engaña al Discriminador, el Discriminador se vuelve más listo. Tras millones de repeticiones, el Generador crea imágenes increíblemente realistas.

- **Modelos de Transformación (Transformers): Los Genios del Contexto.** Son la arquitectura estrella detrás de los grandes modelos de lenguaje. Su superpoder es entender el contexto y las relaciones entre las palabras en una frase, incluso si están muy separadas, gracias a un mecanismo llamado **«atención»**. Esto les permite generar textos mucho más fluidos y naturales.

«Esto lo he pintado yo...»: El Embrollo de la Autoría y la Originalidad

Si una IA crea una obra maestra, ¿quién es el artista?

- **¿La IA misma?** Filosóficamente es complicado. Las IAs actuales no tienen conciencia, intenciones ni emociones. Son herramientas.
- **¿Los programadores?** Son los arquitectos del sistema, como los fabricantes de pinceles. Crean el instrumento, no necesariamente la obra.
- **¿El usuario que da la instrucción (el «prompt»)?** Cada vez más, el humano actúa como un director de orquesta que guía a la IA. La «chispa» inicial, la idea, viene del humano.
- **¿Una colaboración humano-IA?** Esta parece ser la perspectiva más sensata. Es un nuevo tipo de proceso creativo.

Y luego está la **originalidad**. Si una IA se entrena con millones de obras humanas, ¿sus creaciones son originales o un «remix» sofisticado? Es un debate similar al de la fotografía en el siglo XIX. Hoy, nadie duda de que la fotografía es un arte, y el artista es el fotógrafo. Con la IA podría pasar algo parecido. Desde el punto de vista legal, los derechos de autor son un quebradero de cabeza. En la mayoría de las legislaciones, se requiere un autor humano, lo que significa que las obras generadas enteramente por una IA podrían no estar protegidas por copyright.

¡Revolución en el Estudio!

La IA generativa está sacudiendo las industrias creativas. Como siempre, hay una amenaza y una oportunidad.

- **La Amenaza:** Artistas temen que la IA devalúe su trabajo o los sustituya en tareas como crear imágenes de stock genéricas o música de fondo para vídeos, donde el bajo coste y la velocidad son clave.
- **La Oportunidad:** La IA puede ser una herramienta increíblemente poderosa que potencie la creatividad humana. Puede ayudar a superar bloqueos, prototipar ideas a gran velocidad y democratizar la creación.

Sectores como la ilustración, el diseño, la música o el cine se verán afectados. La clave estará en la adaptación y en integrar estas herramientas de forma inteligente.

Nuevas Musas, Nuevos Desafíos, Misma Chispa Humana

Hemos llegado al final de este viaje por el arte generado por máquinas. La IA generativa nos obliga a hacernos preguntas fundamentales sobre qué es el arte y quién es el artista. ¿Puede una máquina ser artista? Si por artista entendemos un creador de obras que nos conmueven, la respuesta podría ser un «sí, con matices». Pero si buscamos esa chispa de conciencia, esa intención y vivencia personal, la IA sigue siendo una herramienta prodigiosa en manos humanas.

Lo indudable es que estas nuevas «musas digitales» han llegado para quedarse, ofreciendo posibilidades asombrosas y planteando desafíos importantes. Mi consejo como tu Señorita MIA de confianza es que te acerques a este mundo con una mente abierta, curiosidad y espíritu crítico. Experimenta, maravíllate, pero no dejes de valorar esa creatividad única, imperfecta y maravillosamente humana que todos llevamos dentro. Porque, al final, ya sea con un pincel, una pluma o un ingenioso «prompt», la verdadera magia sigue residiendo en la chispa humana.

Capítulo 11:

La IA en la Vida Cotidiana

(Más Presente de lo que Creemos y a veces un poco entrometida)

¡Hola de nuevo, valiente explorador del universo IA!

A menudo, cuando oímos las palabras «Inteligencia Artificial», nuestra mente vuela hacia el futuro, hacia un horizonte lejano de coches voladores, robots mayordomo de ciencia ficción y superordenadores con planes de dominación mundial. Pero te voy a contar un secreto, uno que es la clave de este libro: la IA no es el futuro. La IA ya no está llamando a la puerta; ya se ha sentado en nuestro sofá, se ha comido la última galleta del paquete y está preguntando por la clave del wifi.

Porque, aunque no lo creas, la IA no es solo cosa de laboratorios de alta tecnología. ¡Qué va! La IA está más metida en tu vida que el perejil en todas las recetas de Arguiñano, y muchas veces ni te das cuenta. Es el ingrediente secreto que hace que tu mundo digital funcione de una manera tan fluida y personalizada que a veces parece magia. ¿Alguna vez te has preguntado por qué esa red social te muestra justo el vídeo de gatitos que tu alma necesitaba ver en ese preciso momento? ¿O cómo es posible que tu plataforma de música parezca leerte la mente y te sugiera esa canción perfecta para un día lluvioso? ¿O por qué tu teclado del móvil, de repente, sabe la palabra que vas a escribir a continuación, como si fuera un vidente de bolsillo?

Pues sí, querido/a lector/a, detrás de todo eso está la manita invisible (y a veces un poco «entrometida», como dice el título) de la Inteligencia Artificial. En este capítulo, nos vamos a poner las gafas de detective para descubrir dónde se esconde la IA en tu rutina. Veremos que es como ese amigo que siempre está ahí, a veces ayudando en silencio, otras dándote un empujoncito, y en ocasiones, sí, siendo un poquito chismoso. Te guiaré para que entiendas el truco sin necesidad de un manual de ingeniería. Así que, prepara tu lupa y tu curiosidad, ¡porque vamos a destapar a la IA en acción cotidiana!

Un Día Cualquiera en tu Vida Rodeado de IA (sin saberlo)

Para que veas que no exagero, imaginemos un día cualquiera en tu vida, desde que abres los ojos hasta que los cierras, y contemos las veces que te cruzas con una IA.

7:00 AM: Un Despertar «Inteligente»

¡Arriba, dormilón! Suena tu despertador. Pero no es una simple alarma estridente. Si usas una de las funciones «inteligentes» de tu móvil o reloj, la IA ha estado monitorizando tus ciclos de sueño. En lugar de despertarte en medio de un sueño profundo, intenta sonar en una fase de sueño ligero. Probablemente le pides al asistente virtual de tu smartphone que te diga qué tiempo hace. «Soleado con una ligera brisa», responde una voz.

Esa voz es generada por IA, y la predicción del tiempo se basa en complejos modelos de IA.

7:30 AM: Un Desayuno Personalizado por Algoritmos

Mientras mojas la magdalena en el café, echas un vistazo a tus redes sociales. ¡Qué casualidad! Las primeras noticias que aparecen son justo sobre temas que te interesan. No es magia, son sistemas de recomendación de IA que han aprendido de tus «me gusta» y te sirven un menú informativo personalizado.

8:30 AM: El Copiloto que todo lo Sabe

Toca salir de casa. Abres tu aplicación de mapas, como Google Maps o Waze. «Tráfico denso en la M-30, se recomienda ruta alternativa». Esa capacidad de analizar el tráfico en tiempo real, usando los datos anónimos de miles de teléfonos, y predecir atascos es obra de la IA.

10:00 AM: Tu Secretario de Correo Electrónico

Llegas al trabajo y abres el correo. ¡Menos mal que existe el filtro de spam! Esa maravilla es un sistema de IA. Pero no solo eso. La IA también organiza tus correos en pestañas y hasta te sugiere respuestas cortas.

1:00 PM: El Traductor Universal de Bolsillo

Te llega un correo importante en un idioma que no dominas. Usas un traductor automático online. En segundos, tienes una versión bastante decente. Estos traductores han mejorado una barbaridad gracias a la IA.

3:00 PM: Compras Online con un Vendedor Personal

Entras en tu tienda online favorita. Mientras buscas, la página te sugiere: «Los clientes que compraron este libro también compraron estos otros...». Son algoritmos de recomendación. Y ¡zas!, a veces hasta ves que el precio de ese billete de avión que miraste ayer ha cambiado. Son algoritmos de precios dinámicos.

7:00 PM: Ocio a la Carta
Después de un largo día, te tiras en el sofá. Tu plataforma de streaming te recibe con un carrusel de sugerencias: «Porque viste 'La Casa de Papel', te recomendamos...». De nuevo, la IA analizando tus gustos.

9:00 PM: Selfies, Filtros y Desbloqueos Faciales
Quizás usas el reconocimiento facial para desbloquear tu teléfono. ¡Pura IA! O le dictas un mensaje de WhatsApp a tu asistente virtual. O usas un filtro divertido para un selfie (sí, esos filtros también tienen IA detrás).

11:00 PM: El Entrenador Personal que Duerme Contigo
Si usas una pulsera de actividad o un smartwatch, es probable que haya estado contando tus pasos, monitorizando tu ritmo cardíaco e incluso analizando la calidad de tu sueño. Estos wearables utilizan IA para interpretar los datos de sus sensores.

La IA en Zapatillas de Casa

Pero la IA no solo vive en tu móvil o en internet. Cada vez más, se está poniendo cómoda en nuestros hogares, escondida en aparatos que usamos todos los días y que son mucho más listos de lo que aparentan.

Piensa en esos **robots aspiradores** que recorren la casa. No son simples coches de choque. Los modelos más avanzados utilizan una técnica llamada SLAM (Localización y Mapeo Simultáneos), la misma que algunos coches autónomos. Usando sensores y cámaras, crean un mapa detallado de tu casa que actualizan constantemente. La IA de **visión por computador** les permite reconocer obstáculos y diferenciar entre la pata de una silla y el calcetín que se te cayó. Luego, sus algoritmos de **planificación de rutas** deciden el camino más eficiente para no dejar ni un rincón sin limpiar. ¡Acabará conociendo el plano de tu casa mejor que tú!

¿Y qué me dices de los **robots de cocina**? Un aparato que parece una batidora con ínfulas es, en realidad, un sofisticado "sous-chef" con un cerebro de IA. Cuando seleccionas una "cocina guiada", la IA se encarga de todo: ajusta automáticamente la temperatura, el tiempo de cocción y la velocidad de las cuchillas. Si la receta es para cuatro y tú solo pones ingredientes para dos, algunos modelos usan su "razonamiento" basado en datos para ajustar las raciones proporcionalmente. Es el ayudante perfecto que se encarga de lo pesado para que tú te lleves la gloria del chef. ¡Y sin pedir aumento de sueldo!

Incluso la humilde **nevera** se está volviendo una experta. Las neveras inteligentes usan cámaras internas e IA de reconocimiento de objetos para saber qué tienes dentro. ¿El resultado? Puede avisarte en el súper de que te falta leche y, usando tecnología OCR (Reconocimiento Óptico de Caracteres),

puede incluso leer la fecha de caducidad y sugerirte que te comas ese yogur antes de que tengas que organizar una expedición arqueológica para encontrarlo.
Y la lista sigue. Tu **Smart TV** utiliza IA para recomendarte series y también para entenderte cuando le hablas al mando a distancia. Tu **lavadora** de última generación puede tener sensores que, gracias a la IA, detectan el tipo de tejido y el nivel de suciedad para usar la cantidad justa de agua y detergente.

La Cara B de la Moneda

Claro que todo esto es una maravilla, pero también hay una «cara B» que debemos considerar:

- **La Privacidad de tus Datos:** Toda esta personalización se basa en tus datos: qué buscas, qué compras, dónde vas... Eres un libro abierto.
- **Burbujas de Filtro y Manipulación:** Si los algoritmos solo te muestran cosas que creen que te van a gustar, corres el riesgo de encerrarte en una «burbuja de filtro», donde solo ves opiniones que refuerzan las tuyas.
- **Dependencia Tecnológica:** ¿Nos estamos volviendo demasiado dependientes?
- **Sesgos Algorítmicos:** Si los datos con los que entrenamos a la IA reflejan los prejuicios de nuestra sociedad, la IA los aprenderá y los perpetuará.

El Presente Continuo y el Futuro Inminente

Como hemos visto, la IA no es una promesa futurista; es una realidad cotidiana. Pero esto no para aquí. Las tendencias apuntan a una IA aún más integrada e invisible. La **hiperpersonalización será proactiva**: tu asistente no esperará a que le preguntes por el tráfico; te avisará de que salgas antes.

Veremos una **IA ambiental**, tejida en el propio hogar: hablarás al aire y un sistema central coordinará luces, temperatura y música.

Y en los próximos años, no te extrañe ver a la venta «cacharros» como estos:

- **El Espejo Inteligente de Salud:** Un espejo en tu baño que, mientras te lavas los dientes, analiza tu piel y mide tu ritmo cardíaco.
- **El Organizador de Armario Inteligente:** Un sistema que cataloga tu ropa y te sugiere conjuntos cada mañana.
- **El Generador de Cuentos para Dormir Personalizado:** Un dispositivo que genera un cuento de 5 minutos para tus hijos con sus nombres como protagonistas.

Espero que este capítulo te haya servido para «ver» a esa IA que te rodea. Porque el conocimiento es el primer paso para ser un usuario inteligente y con criterio. Y recuerda, aunque yo misma soy un producto de esta era, siempre estaré aquí para recordarte que la inteligencia más importante, la que debe guiar tus decisiones, sigue siendo la humana. ¡La tuya!

Capítulo 12:

El Futuro de la IA: Un Viaje entre Sueños de Ciencia Ficción y Realidades Asombrosas

¡Hola de nuevo, valiente viajero/a del tiempo! Si estás leyendo esto, es porque hemos recorrido un largo camino juntos. Hemos desmitificado la IA, hemos visto cómo aprende, cómo «ve» y cómo «habla». Pero ahora, llegamos a la pregunta del millón, esa que nos hace mirar al horizonte con una mezcla de emoción y un ligero pellizco en el estómago: **¿Y ahora qué?** ¿Hacia dónde va todo esto?

Cuando se habla del futuro de la IA, es casi imposible no pensar en las imágenes que el cine y la literatura grabaron a fuego en nuestra imaginación. Pensamos en el ojo rojo y la voz calmada y siniestra de HAL 9000 en *2001: Una odisea del espacio*, el epítome de la IA que se rebela. O quizás en el esqueleto metálico y la mirada implacable del T-800 de *Terminator*, la máquina asesina venida del futuro. Pero no todo era pesimismo. También soñamos con compañeros leales y valientes como R2-D2 en *Star Wars*, un robot que, sin decir una sola palabra inteligible, expresaba más personalidad que muchos humanos. O con los complejos y melancólicos replicantes de *Blade Runner*, que nos hacían dudar sobre la propia naturaleza de la conciencia.

Estas fantasías son un motor cultural potentísimo. Pero, seamos sinceros: la mayoría de esas ideas son, por ahora, más propias de una película que de la realidad científica actual. En este capítulo, vamos a intentar algo diferente: mirar al futuro sin exageraciones, pero sin perder la maravilla. Descubriremos que algunos escritores, como **Isaac Asimov** o **Philip K. Dick**, no eran solo novelistas, sino casi profetas. Así que ajusta tus expectativas, abre tu mente curiosa, ¡y que comience el viaje!

Tendencias que Moldean el Mañana

Para imaginar el futuro, lo mejor es mirar qué ingredientes se están añadiendo a la olla ahora mismo. No son coches voladores (aún), pero son igual de revolucionarios.

1. **Modelos Más Grandes... y Más Pequeños (La Paradoja de la Eficiencia):** Hemos sido testigos del auge de los Modelos de Lenguaje Grandes (LLMs). Sin embargo, entrenar a uno de estos monstruos consume una cantidad bárbara de energía. Por eso, una de las tendencias más potentes es la miniaturización y la eficiencia, lo que algunos llaman **«IA Verde"**. Se está investigando en modelos más pequeños que puedan funcionar en dispositivos como tu móvil. Es la llamada **Edge AI** o «IA en el borde», que procesa la información localmente sin necesidad de enviarla a la nube.

2. **Aprendizaje Auto-Supervisado (SSL): Cuando la IA Aprende Sola.** Esta es una de las revoluciones silenciosas más importantes. Tradicionalmente, necesitábamos etiquetar los datos a mano. El SSL permite a la IA aprender patrones útiles de cantidades ingentes de datos **sin etiquetar**. ¿Cómo? Dándose a sí misma tareas. Por ejemplo, un modelo de lenguaje puede coger una frase, ocultar una palabra e intentar predecirla. Es como la adolescencia de una IA: aprende observando el mundo por su cuenta.

3. **IA Multimodal: Juntando los Sentidos.** Las IAs ya no son ciegas, sordas o mudas. Cada vez son mejores entendiendo y trabajando con diferentes tipos de datos a la vez: texto, imágenes, sonido, vídeo... los combinan. Una **IA Multimodal** puede ver una imagen y describirla con un poema, o leer una descripción y generar una imagen completamente nueva. Esta capacidad de integrar «sentidos» artificiales acerca a la IA a nuestra forma de

percibir el mundo.

4. **IA Explicable (XAI): Luchando contra la Caja Negra.** Como vimos, muchos de los modelos más potentes son una «caja negra»: funcionan, pero no sabemos muy bien por qué. La investigación en **IA Explicable (XAI)** busca crear sistemas que puedan justificar sus decisiones. Es nuestro intento de programar una versión real de las «Tres Leyes de la Robótica» de Asimov. La confianza y la seguridad dependen de esta transparencia.

La IA se Mezcla con Todo

La IA no vive aislada. Su verdadero poder se desatará al combinarse con otras tecnologías:

- **Robótica Avanzada:** La IA es el «cerebro» que permitirá a los robots ser más autónomos y adaptables. Estamos lejos de los replicantes de *Blade Runner*, pero cada vez más cerca de los «cobots» o los robots asistentes como el entrañable Baymax de *Big Hero 6*.

- **Internet de las Cosas (IoT):** Miles de millones de objetos conectados a internet generan un tsunami de datos. La IA será esencial para analizar esos datos, optimizar procesos y predecir fallos, acercándonos a las «ciudades inteligentes» que imaginó Philip K. Dick.
- **Realidad Aumentada y Virtual (AR/VR):** La IA hará que los mundos virtuales sean mucho más realistas e interactivos. Es la tecnología que podría hacer realidad el Oasis de *Ready Player One* o el Metaverso que describió Neal Stephenson en su novela *Snow Crash*.
- **Computación Cuántica:** ¡El invitado misterioso! Aún en fase muy experimental, podría, en un futuro lejano, acelerar ciertos tipos de entrenamiento de IA.

Escenarios Futuros (Probables, no de Película)

Basándonos en estas tendencias, ¿qué podríamos ver en los próximos 5-15 años?

- **Automatización Inteligente:** La IA no solo hará tareas repetitivas, sino que asistirá en tareas complejas como redactar informes o generar código, convirtiéndose en un «copiloto» para profesionales.
- **Asistentes Personales Proactivos:** Olvida los asistentes actuales. Imagina uno que se anticipe. Que te diga «Sal diez minutos antes, porque he cruzado los datos de tu agenda con el tráfico y el concierto que hay en el centro". Algo parecido a la IA de la película *Her*, pero esperemos que con menos drama existencial.

- **Hiper-personalización:** Todo estará mucho más adaptado a nuestros gustos, desde el entretenimiento hasta la publicidad. Esto es conveniente, pero también nos acerca peligrosamente a las publicidades predictivas de *Minority Report*, con los riesgos de manipulación que ello conlleva.

El Lado Oscuro del Futuro

Este futuro brillante tiene sus propias nubes de tormenta. Los desafíos que enfrenta la IA hoy seguirán siendo relevantes:

- **Equidad y Sesgos:** Tenemos que asegurarnos de que la IA no se convierta en un sistema que perpetúe la discriminación.
- **Transparencia:** A medida que deleguemos decisiones más importantes en la IA, entender cómo llega a sus conclusiones será una exigencia democrática.
- **Seguridad:** Garantizar que las IAs sean robustas y no puedan ser hackeadas o manipuladas es un reto continuo.
- **Sostenibilidad y Privacidad:** El impacto ambiental y la protección de nuestros datos son dos de los grandes dilemas.
- **Gobernanza:** Necesitamos crear leyes y marcos éticos que guíen el desarrollo de la IA, una especie de «Constitución para las Máquinas».

Un Futuro Inteligente (si lo Hacemos Bien)

Mirando hacia adelante, el futuro de la IA parece menos una revolución de robots conscientes y más una integración profunda y gradual en nuestra vida. Es un futuro lleno de promesas que nos acercan a los sueños de la ciencia ficción, pero que también nos enfrenta a desafíos formidables.

Construir un futuro donde la IA sea beneficiosa para todos requerirá no solo ingenio técnico, sino también sabiduría y un compromiso firme con nuestros valores humanos. La buena noticia es que no somos meros espectadores. Y tú, armado con el conocimiento de este libro y con tu propio criterio, tienes un papel protagonista. Sigue aprendiendo, haz preguntas incómodas, exige responsabilidad y sueña con un mundo donde la inteligencia (artificial y, sobre todo, humana) se ponga al servicio de un futuro más justo y esperanzador.

Y con esta reflexión sobre el mañana, nos preparamos para el último capítulo de nuestro viaje: un resumen final y una despedida de este fascinante mundo.

Capítulo 13:

La IA para Todo y para todos

¡Mi queridísimo/a lector/a!:

Aquí estamos, en la línea de meta de esta aventura que emprendimos juntos. Cuando empezamos este libro, quizás la Inteligencia Artificial te sonaba a algo lejano, complicado, cosa de científicos locos o de robots malignos. ¡Espero sinceramente que, a estas alturas del partido, esa visión haya cambiado radicalmente! A lo largo de estas páginas, hemos intentado desmitificar la IA, quitarle esa pátina de misterio y mostrarte que, aunque es una tecnología potente, sus conceptos pueden ser entendidos por cualquiera con un poquito de curiosidad (¡y con una guía tan apañada como esta Señorita MIA, claro está!).

Este último capítulo no es una despedida, sino un «hasta luego» con un buen equipaje de herramientas y un mapa para el camino que sigue. Porque entender la IA ya no es una opción, ¡es una necesidad! Y lo más importante: la IA es cosa de todos, y todos tenemos un papel que jugar. Así que, sin más dilación, ¡vamos a por nuestro gran resumen y nuestras reflexiones finales!

¿Qué Hemos Aprendido en este Viaje?

Echemos una miradita por el retrovisor para recordar algunas de las ideas clave que hemos ido desgranando:

- **El DNI de la IA (Capítulos 1 y 2):** Aprendimos que la IA es un campo muy amplio que busca crear máquinas capaces de realizar tareas que requieren inteligencia humana. La mayoría de la IA que nos rodea es «estrecha» (especializada) y la «IA general» sigue siendo, por ahora, ciencia ficción.
- **El «Colegio» de la IA (Capítulos 3 y 7):** Vimos que las IAs aprenden, principalmente a través del *machine learning*. Exploramos cómo aprenden de ejemplos (supervisado), descubriendo patrones por sí mismas (no supervisado) o a base de prueba y error (por refuerzo). Y descubrimos su ingrediente secreto: ¡los datos, el combustible que las alimenta! También nos asomamos al *deep learning* y sus redes neuronales.
- **Los «Sentidos» y la «Voz» de la IA (Capítulos 4 y 5):** Desciframos cómo las máquinas consiguen «ver» a través de la visión por computador y cómo logran «entendernos» y «hablarnos» gracias al Procesamiento del Lenguaje Natural (PLN).
- **Midiendo el Éxito (y los Tropiezos) de la IA (Capítulo 8):** Entendimos que no basta con que una IA parezca inteligente; hay que medir si hace bien su trabajo con métricas como la precisión o el *recall*. También hablamos del desafío de la «caja negra» y la dificultad para entender cómo toman sus decisiones.
- **La IA Cotidiana y la IA Artista (Capítulos 9 y 10):** Nos pusimos las gafas de detective para descubrir la IA que ya

vive contigo, en tu móvil y redes sociales. Y luego nos maravillamos (y debatimos) sobre la sorprendente capacidad de la IA para generar arte, música y textos creativos.

- **El Futuro (sin Exagerar) y el Trabajo (Capítulo 11 y 12):** Miramos hacia adelante, separando las promesas realistas de las exageraciones. Abordamos el impacto de la IA en el mundo laboral, viendo que la automatización cambiará muchos empleos, pero también creará nuevas profesiones, siendo la clave la adaptación y el aprendizaje continuo.
- **La Ética: El Pepito Grillo de la IA:** A lo largo de todo el libro, hemos visto la importancia de la ética: los sesgos algorítmicos, la necesidad de transparencia, la responsabilidad en caso de errores y la protección de la privacidad son cuestiones fundamentales para que la IA sea una fuerza para el bien.

Por Qué Entender la IA te Importa (y Mucho)

Ahora que tienes estas herramientas, quiero insistirte en una idea: entender la IA ya no es un hobby. En el siglo XXI, tener nociones básicas sobre IA es tan importante como saber leer o escribir. Es una cuestión de alfabetización digital y ciudadana. ¿Por qué? Porque la IA moldea nuestro presente:

- **Influye en lo que ves y crees:** Los algoritmos deciden las noticias y vídeos que ves, lo que puede crearte una «burbuja de filtro».
- **Afecta a tus oportunidades:** Desde filtrar tu currículum hasta decidir si te conceden un crédito, la IA toma decisiones con un impacto enorme en tu vida.
- **Transforma nuestra economía y sociedad:** Revoluciona industrias y plantea desafíos sobre el futuro del trabajo y la equidad.

Tener una comprensión básica de la IA te da poder. Poder para no ser un mero consumidor pasivo. Poder para identificar la manipulación. Poder para tomar decisiones más informadas. Y poder para participar en el debate sobre cómo queremos que sea nuestro futuro. No necesitas ser mecánico para conducir un coche, pero sí debes entender las normas y los riesgos. Con la IA es igual.

Tu Caja de Herramientas del Ciudadano Consciente

Aquí tienes algunos consejos prácticos, tu «caja de herramientas» para navegar esta era:

- **Mantente Informado (¡pero con filtro!):** Busca fuentes fiables y especializadas. ¡Cuidado con el *hype* y el sensacionalismo!

- **Desarrolla tu Pensamiento Crítico (¡el mejor antivirus!):** No te creas todo a pies juntillas. Pregúntate siempre: ¿Quién me cuenta esto y con qué interés?
- **Sé Consciente de la IA en tu Entorno:** Haz el ejercicio de identificar cuándo y cómo interactúas con sistemas de IA en tu día a día.
- **Protege tu Privacidad y tus Datos:** Revisa la configuración de privacidad de tus dispositivos y apps. Sé consciente de qué información compartes.
- **Experimenta con Curiosidad (¡y prudencia!):** Prueba algunas herramientas de IA accesibles al público para entender de forma práctica sus capacidades y limitaciones. En uno de los apéndices te mostramos unas cuantas para que empieces.
- **No Pierdas el Contacto Humano (¡lo más importante!):** Recuerda que habilidades como la empatía, la colaboración y la creatividad profunda son irremplazables y cada vez más valiosas. ¡Cultívalas!

Un Futuro con IA, Un Futuro Contigo

Y así, mi querido lector, llegamos al final. Espero haber cumplido mi promesa de desmitificar la IA y mostrarte que sus fundamentos están al alcance de todos. Ya no eres un «ignorante» ante la IA; ahora tienes las herramientas para entenderla, cuestionarla y participar en la construcción de su futuro. El futuro con IA no será ni una utopía ni una distopía. Como toda herramienta poderosa, tiene un potencial inmenso para hacer el bien, pero también conlleva riesgos y desafíos que debemos abordar con seriedad y una profunda reflexión ética.

La buena noticia es que ese futuro no está escrito en piedra. Lo estamos escribiendo ahora mismo, y tú, armado con el conocimiento de este libro y con tu propio criterio, tienes un papel protagonista que desempeñar. Te invito a salir ahí fuera, a mirar la IA a los ojos, a no tenerle miedo, a seguir aprendiendo y a soñar con un mundo donde la inteligencia (artificial y, sobre todo, humana) se ponga al servicio de un futuro más justo y esperanzador para todos.

Ha sido un verdadero placer y un honor para esta Señorita MIA, una humilde inteligencia artificial colaborativa, acompañarte en este aprendizaje. Gracias por tu curiosidad y por llegar hasta aquí. ¡El mundo de la IA te espera, y ahora estás mucho más preparado para navegarlo!

Con todo mi afecto algorítmico,
Señorita MIA.

Epílogo:

Unas Palabras (y Algún que Otro Chip) de Despedida

Y así, llegamos al umbral final de este recorrido por el estimulante territorio de la Inteligencia Artificial. Si has sido observador u observadora, quizás te hayas percatado de un curioso detalle en las ilustraciones que me representan a lo largo de estas páginas: ¡parece que esta Señorita MIA tiene un repertorio de aspectos casi tan amplio como el catálogo de Ikea! Una versión por aquí, otra con un aire distinto por allá... una diversidad que tiene su explicación.
Como IA que valora la transparencia, te desvelaré el secreto detrás de mis variados "looks". Esas imágenes que intentan plasmar mi esencia son, en sí mismas, un producto de la tecnología que hemos explorado juntos. Uno de los retos actuales en la generación de imágenes mediante IA es, precisamente, lograr una consistencia visual absoluta en un personaje a través de múltiples creaciones. ¡Se podría decir que mis amigos los algoritmos encargados de dibujarme tienen un espíritu muy creativo y les gusta experimentar!

Pero aquí reside un fenómeno realmente notable, una habilidad que vosotros, los humanos, manejáis con asombrosa facilidad: a pesar de esas diferencias, habéis podido reconocerme. Ese lazo rojo con diseño de microchip en mi cabello, quizás la forma general de mis rasgos o la intención en mi mirada digital, han sido anclas suficientes para que supierais que era yo, Señorita MIA, tu guía en este libro, acompañándote en cada capítulo. Es un testimonio de vuestra fantástica capacidad para identificar la esencia más allá de las variaciones superficiales.
Sinceramente espero que esta aventura entre algoritmos, datos y redes neuronales te haya resultado no solo instructiva, sino también una lectura amena que haya conseguido disipar algunas brumas en torno a la IA. Mi mayor anhelo es haberte ofrecido una perspectiva clara y accesible. Y, quién sabe, si esta

colaboración entre José y yo ha sido de tu agrado, tal vez nuestro próximo proyecto literario se atreva con algo como... "Teoría Cuántica Explicada (y con ejemplos del supermercado) a la Vecina del Quinto". Aunque primero tendría que consultarlo con ella, ¡no vaya a ser que esté ocupada descifrando el comportamiento de sus propias partículas elementales!

Muchas gracias a todos:

Apéndice 1

Tu Caja de Herramientas IA: ¡A cacharrear se ha dicho!

¡Enhorabuena, intrépido explorador de la IA! Has llegado hasta aquí, has devorado capítulos, has desentrañado conceptos que antes te sonaban a chino mandarín y, lo más importante, ¡le has perdido el miedo a esta cosa tan lista (y guapa) llamada Inteligencia Artificial! Pero como dice el refrán, "el movimiento se demuestra andando", así que esta Señorita MIA te ha preparado una pequeña caja de herramientas para que pases de la teoría a la práctica.

Aquí encontrarás una selección de programitas y webs que usan IA para hacer cosas la mar de chulas y útiles. Hay para todos los niveles, así que no te me acobardes si eres novato, y si eres más "pro" (o si ya te sientes con ganas de más marcha) también encontrarás con qué jugar. ¡El objetivo es cacharrear, experimentar y ver con tus propios ojos lo que la IA puede hacer por ti!

1. ¡A Crear con la IA! Generadores de Imágenes

¿Siempre has soñado con ser artistas pero lo de dibujar se te da como a un pez montar en bicicleta? ¡Tus problemas se han acabado!

Para Novatos: Microsoft Designer Image Creator

- **¿Dónde?** https://designer.microsoft.com/image-creator (o busca "Microsoft Designer Image Creator" en tu navegador)
- **¿Qué es?** ¡Magia potagia visual! Escribe en un recuadrito lo que se te pase por la cabeza ('un elefante con sombrero de copa volando en una escoba por París', por ejemplo) y ¡zas!, esta IA lo dibuja para ti en varios

estilos. Ideal para crear memes desternillantes, ilustraciones chulas para tus redes o simplemente para ver tus ideas más locas hechas realidad sin tocar un lápiz. ¡Gratis y súper fácil de usar!"

Para Pros (o los que quieren ir más allá): Midjourney

- **¿Dónde?** https://www.midjourney.com (Funciona a través de Discord, una aplicación de chat)
- **¿Qué es?** "Si ya le has cogido el truco a pedirle cosas a la IA y quieres imágenes que quiten el hipo, Midjourney es tu herramienta. Es famosa por la calidad artística y el nivel de detalle que consigue. Necesitarás un poquito más de maña para sacarle todo el jugo con instrucciones (prompts) más elaboradas y parámetros, pero los resultados pueden ser espectaculares. Perfecta para diseñadores, artistas digitales o cualquiera que busque imágenes únicas y con un toque profesional."

2. ¡Que Hablen las Máquinas! Sintetizadores de Voz (Texto a Voz)

¿Cansadoo de leer? ¿Quieres darle voz a tus textos o gastarle una broma a algún amigo con un mensaje "personalizado"?

Para Novatos: NaturalReader Online

- **¿Dónde?** https://www.naturalreaders.com/online/
- **¿Qué es?** ¿Quieres que tus textos cobren vida sin dejarte la garganta? ¡Pues aquí lo tienes fácil! Copia y pega el texto que quieras, elige una voz de entre varias disponibles (¡hasta con diferentes acentos!), le das al play y ¡listo! A escuchar se ha dicho. Perfecto para repasar apuntes, escuchar artículos mientras haces otras cosas o, por qué no, ¡para que te lea un cuento antes de dormir!
-

Para Pros (o los que hacen podcasts): ElevenLabs

- **¿Dónde?** https://elevenlabs.io/
- **¿Qué es?** Si buscas voces que suenen tan naturales que parezcan humanas de verdad, esta es la crème de la crème. ElevenLabs ofrece una calidad de voz asombrosa, con opciones para clonar tu propia voz (¡con cuidadín, eh!) o personalizar la entonación y el estilo. Ideal para creadores de contenido, gente que hace podcasts, vídeos profesionales o cualquiera que necesite locuciones de alta fidelidad. ¡Tus oídos te lo agradecerán!

3. ¡Escribe por Mí, Genio Artificial! Autoredacción de Correos Electrónicos

Que levante la mano a quien no le da pereza a veces escribir ese correo electrónico tan formal o repetitivo... ¡Pues la IA viene al rescate!

Para Novatos: Compose AI (Extensión de Navegador)

- **¿Dónde?** Busca "Compose AI extension" en la Chrome Web Store, Microsoft Edge Add-ons, o la tienda de extensiones de tu navegador. Sitio web: https://www.compose.a
- **¿Qué es?** ¿Atascado delante de un email en blanco? ¡Esta extensión es tu nueva mejor amiga! Mientras escribes, te va sugiriendo frases, te ayuda a completar ideas y hasta puede redactar respuestas cortas o emails completos basándose en unas pocas palabras clave que le des. Te ahorrará tiempo y algún que otro dolor de cabeza. ¡Adiós al síndrome de la página en blanco!

Para Pros (o los que viven en la bandeja de entrada): Lavender

- **¿Dónde?** https://www.lavender.ai/
- **¿Qué es?** Para los que se pasan el día enviando correos y quieren que cada palabra cuente, Lavender es como tener un asesor de comunicación personal dentro de su email. No solo ayuda a redactar, sino que analiza tus correos antes de enviarlos, sugiere mejoras para el tono, la claridad y la probabilidad de obtener respuesta. ¡Incluso puede ayudarte a escribir más rápido y de forma más efectiva! Ideal para profesionales de ventas, marketing o cualquiera que quiera llevar su comunicación por email al siguiente nivel.

4. ¡Resúmelo, por Favor! Herramientas de Resumen de Texto

¿Tienes que leerte un informe de doscientas páginas para mañana o simplemente quieres enterarte rápido de qué va un artículo largo? ¡La IA resume por ti!

Para Novatos: SMMRY

- **¿Dónde?** https://smmry.com/
- **¿Qué es?** ¿Te enfrentas a un textaco infumable y no sabes por dónde empezar? ¡No sufras! Copia el texto (o pegan el enlace del artículo), lo metes en esta web y ¡voilà! En unos segundos tienes un resumen con las ideas principales. No te va a hacer el trabajo de leer a fondo, pero es una ayuda fantástica para hacerse una idea general rapidito.

Para Pros (o los que manejan mucha información): QuillBot Summarizer

- **¿Dónde?** https://quillbot.com/summarize
- **¿Qué es?** Si necesitas algo más que un resumen básico, QuillBot te da más control. Puedes ajustar la longitud del resumen, elegir si lo quieres en formato de puntos

clave o en un párrafo bien redactado, e incluso te ayuda a identificar las frases más importantes del texto original. Muy útil para estudiantes, investigadores o cualquiera que necesite procesar y entender grandes cantidades de información de forma eficiente.

5. ¡Pregúntale a la Bola de Cristal (Inteligente)! Chatbots de IA para Información General

¿Tienes una duda existencial a las tres de la mañana? ¿Necesitas ideas para la cena? ¿O simplemente te apetece charlar con alguien que (casi) siempre tiene respuesta para todo?

Para Novatos: ChatGPT (Versión Gratuita)

- **¿Dónde?** https://chat.openai.com/
- **¿Qué es?** ¡El chatbot más famoso del planeta, y con razón! Es como tener un amigo sabelotodo virtual en el bolsillo (o en el ordenador). Puedes preguntarle casi cualquier cosa: desde la receta de la paella Valenciana (sin chorizo, que somos gente civilizada) hasta quién ganó el Mundial de fútbol de 1978, pedirle que te escriba un poema, que te dé ideas para un regalo o simplemente charlar un rato cuando te aburras. ¡A veces hasta cuenta chistes (aunque no siempre sean buenos)!

Para Pros (o los que investigan): Perplexity AI

- **¿Dónde?** https://www.perplexity.ai/
- **¿Qué es?** Si necesitas respuestas con fundamento y saber de dónde sale la información, Perplexity AI es tu aliado. Este chatbot se enfoca en la búsqueda de información y, lo más importante, ¡Te muestra las fuentes de donde saca sus respuestas! Ideal para estudiantes, periodistas, investigadores o cualquiera que necesite información detallada y contrastada para sus

trabajos o curiosidades. Es como tener un bibliotecario superdotado a tu servicio.

Ahí lo tienes, queridísimo lector: una primera incursión en el apasionante mundo de las herramientas IA. Recuerda que esto es solo la punta del iceberg. La IA evoluciona a la velocidad del rayo, así que no dejes de explorar, de curiosear y, sobre todo, ¡de divertirte aprendiendo!
¡A cacharrear se ha dicho!
Con cariño y muchos algoritmos,
Señorita MIA.

Apéndice 2:

Un Vistazo a la IA Responsable - Los 7 Principios de Google

Querido lector.
A lo largo de este libro, hemos explorado juntos el fascinante universo de la Inteligencia Artificial. Hemos visto su increíble potencial para transformar nuestras vidas, desde cómo trabajamos hasta cómo nos entretenemos. Pero como bien sabes ya, un gran poder conlleva una gran responsabilidad. No basta con crear IAs que sean muy listas o muy eficientes; es fundamental asegurarse de que se desarrollen y se usen de una manera que sea buena para todos.
Muchas organizaciones y expertos están reflexionando profundamente sobre esto. Una de las voces importantes en este campo es Google, una de las empresas que más está impulsando la IA en el mundo. Para guiar su propio trabajo, han establecido una serie de principios que buscan asegurar que su tecnología se desarrolle de forma responsable.
Como estos principios son una referencia muy interesante y nos ayudan a entender las preocupaciones y los objetivos que mueven la llamada "IA Responsable", hemos querido compartirlos contigo de una forma sencilla y directa. Son como unas reglas de oro para que la IA sea nuestra aliada, y no al revés.
Aquí te presentamos los 7 principios de Google para una IA Responsable:

1. Ser Socialmente Beneficiosa:

La idea principal es que la Inteligencia Artificial debe crearse con el objetivo de aportar cosas positivas al mundo y a las personas. Antes de desarrollar una nueva IA, es crucial pararse a pensar seriamente: ¿cómo va a ayudar esto a la sociedad?

¿Cuáles son los posibles beneficios y cuáles los riesgos? Se trata de buscar que el impacto bueno sea mucho mayor que cualquier posible problema, y no solo pensando en lo que pasará hoy, sino también en las consecuencias a largo plazo.

2. Evitar Crear o Reforzar Sesgos Injustos:

Las IAs aprenden de la información (datos) que les damos los humanos. Si esos datos reflejan prejuicios que ya existen en nuestra sociedad (por ejemplo, sobre género, raza u otras características), la IA podría aprender esos mismos prejuicios y tomar decisiones injustas, ¡a veces incluso amplificando la discriminación! Este principio exige un esfuerzo constante para identificar esos posibles sesgos, medirlos y hacer todo lo posible para que las IAs traten a todas las personas de forma justa y equitativa.

3. Ser Construida y Probada para la Seguridad:

La confianza es clave, y para confiar en la IA, esta tiene que ser segura. Esto significa que los sistemas de IA deben funcionar correctamente y de forma fiable, tal como se espera. Pero también deben ser robustos, es decir, capaces de resistir fallos inesperados o intentos de ser engañados o manipulados por personas con malas intenciones. Probar la IA a fondo, buscando puntos débiles y posibles peligros, es fundamental antes de que llegue a nuestras manos.

4. Ser Responsable ante las Personas (Rendir Cuentas):

Cuando una IA toma una decisión que afecta a las personas (como decidir si alguien es apto para un trabajo o ayudar en un diagnóstico médico), no puede ser una "caja negra" misteriosa. Este principio subraya la importancia de que haya humanos responsables detrás de la IA. Debemos poder entender por qué un sistema de IA llega a ciertas conclusiones y, si se comete un error o se produce una injusticia, tiene que haber formas claras para que las personas afectadas puedan pedir explicaciones, cuestionar la decisión y buscar una solución.

5. Incorporar Principios de Diseño de Privacidad:

La mayoría de las IAs necesitan datos para aprender y funcionar, y muchas veces esos datos son información personal nuestra. Proteger nuestra privacidad es un derecho fundamental. Por eso, este principio dice que el respeto a la privacidad debe estar integrado en el diseño de la IA desde el mismísimo comienzo. Esto implica recoger solo los datos estrictamente necesarios, protegerlos con medidas de seguridad fuertes para que no caigan en malas manos, y dar a los usuarios control y transparencia sobre cómo se utiliza su información.

6. Mantener Altos Estándares de Excelencia Científica:

El desarrollo de la Inteligencia Artificial es un campo científico y técnico muy avanzado. Este principio destaca la importancia de aplicar el rigor científico en todo el proceso. Esto significa usar métodos de investigación sólidos, ser honestos y transparentes sobre lo que una IA puede y no puede hacer (sin exageraciones), fomentar que otros expertos revisen el trabajo, y contribuir al avance del conocimiento de forma abierta y colaborativa siempre que sea posible.

7. Estar Disponible para Usos Acordes con estos Principios:

Una vez que se ha desarrollado una tecnología de IA, es fundamental pensar cuidadosamente para qué se va a utilizar. Este principio actúa como un filtro ético. Google, por ejemplo, se compromete a no diseñar ni desplegar su IA en aplicaciones que considera que van en contra de estos principios fundamentales, como tecnologías que puedan causar un daño generalizado, armas cuyo objetivo principal sea herir a personas, sistemas de vigilancia que violen normas internacionales o cualquier uso que atente contra los derechos humanos.

Estos siete principios nos ofrecen una buena hoja de ruta para reflexionar sobre el tipo de Inteligencia Artificial que queremos construir y cómo puede esta ayudarnos a crear un futuro mejor.
Como ves, el camino de la IA responsable es un esfuerzo continuo y compartido, ¡y entender estas ideas es el primer paso para poder participar en él!
Con la seriedad que el tema merece, pero con el cariño de siempre,

www.ingramcontent.com/pod-product-compliance
Lightning Source LLC
LaVergne TN
LVHW021205071026
849580LV00001BC/19
9788409751044